Dr. Helmar Dießner
# Reisen ins Abenteuerland
Phantasiereisen für Erwachsene, Jugendliche und Kinder

Ausführliche Informationen zu jedem unserer lieferbaren und geplanten Bücher finden Sie im Internet unter www.junfermann.de – mit ausführlichem Infotainment-Angebot zum **JUNFERMANN**-Programm ... mit Newsletter und Original-Seiten-Blick ...

Besuchen Sie auch unsere e-Publishing-Plattform www.active-books.de – mittlerweile weit über 300 Titel im Angebot, mit zahlreichen kostenlosen e-Books zum Kennenlernen dieser innovativen Publikationsmöglichkeit.

*Übrigens:* Unsere e-Books können Sie leicht auf Ihre Festplatte herunterladen!

**Eine Auswahl von e-books bei www.active-books.de:**

Blickhan, Daniela: „Walt Disneys Beitrag zum Familienleben – mehr als nur Zeichentrickfilme?" (kostenlos)

Vogt, Reinhold: „LernTipps" (kostenlos)

Birkenbihl, Vera F.: „Was Sie über Metaphern und Stories wissen sollten" (kostenlos)

Dießner, Helmar: „Mensch – du lebst! Die 10 Schlüsselstrategien für Erfolg, Glück und Erfüllung" (€ 8,00)

Seidel, Isolde & Blickhan, Daniela: „Mama, die Schule nervt mich!" (€ 7,00)

Bellamy, Ursula & Schmitz, Monika & Lorenz, Anette: „Traumspiele" (€ 5,50)

Weiß, Monika: „Fantasiereisen" (€ 4,50)

Birkenbihl, Vera F.: „Einen anderen Kopf aufsetzen?" (€ 2,50)

Betz, Roland: „Menschen motivieren: Die 18 wichtigen Erfolgsgesetze" (€ 2,00)

Dr. Helmar Dießner

# Reisen ins Abenteuerland

## Phantasiereisen für Erwachsene, Jugendliche und Kinder

Junfermann Verlag · Paderborn
2006

© Junfermannsche Verlagsbuchhandlung, Paderborn 2003
2. Auflage 2006
Cover-Abbildung: Dr. Helmar Dießner

Satz: JUNFERMANN Druck & Service, Paderborn

**Bibliographische Information der Deutschen Bibliothek**
Die Deutsche Bibliothek verzeichnet diese Publikation in der Deutschen Nationalbibliographie; detaillierte bibliographische Daten sind im Internet über http://dnb.ddb.de abrufbar.

ISBN 3-87387-536-5
Ab 1.1.2007: 978-3-87387-536-4

# Inhalt

# Vorwort

Für mich als Therapeuten, Berater und Coach mit langjähriger Berufspraxis, ist es immer wieder faszinierend, wie Kinder, Jugendliche und Erwachsene im Einzelkontakt oder in Gruppen mit Hilfe des Autogenen Trainings oder mittels Phantasiereisen in einen absoluten Ruhe- und Entspannungszustand gelangen. In diesem Zustand erleben die Klienten die eigene Stille, Leichtigkeit, Frieden, Glück, Harmonie, Frische, Kreativität, das Erkennen eigener Potentiale, New Power, sinnliche Erfahrungen und vieles mehr.

Die in diesem Buch versammelten Phantasiereisen sind im Praxisalltag erprobt und haben nachweislich therapeutische Wirkung gezeigt, indem sie Kindern, Jugendlichen und Erwachsenen neue Wege zu sich selbst eröffnet haben. Ich schreibe dem Autogenen Training sowie den Phantasiereisen eine heilende Veränderung der Gesamtpersönlichkeit zu. Diese Reisen erhalten den vorbeugenden Wert einer echten psychotherapeutischen Aufgabe.

Die angeleitete Reise durch die Welt der Phantasie mittels gehörter oder gelesener Texte besitzt einen stimulierenden Einfluß auf die eigenen kreativen Ressourcen. Innerhalb von Ruhe und Entspannung bewirkt ein Außenreiz eine Wirkung nach innen. Dabei findet eine Wechselwirkung statt, so daß das Innen auf das Außen reagiert und umgekehrt. So entsteht ein innerer Dialog auf der Ebene der Phantasie zwischen Außen und Innen. In diesem ganzheitlichen Prozeß werden alle Sinnesreize angesprochen. Der Mensch als Leib-Seele-Geist-Wesen wird dabei einbezogen. Da die meisten Menschen visuell ausgerichtet sind, nehmen sie Informationen in Form von Bildern auf. In therapeutischen Kontexten verweise ich immer darauf, daß wir Menschen in Bildern denken, auch bei Inhalten, die über andere Sinneskanäle aufgenommen werden. D.h. Informationsinhalte bzw. Bilder reihen sich aneinander, werden verarbeitet und mit bereits gespeicherten Informationen aus dem Langzeitspeicher abgeglichen. Diese Informationsverarbeitungsprozesse geschehen millisekundenschnell. Bei der Assoziierung gehen damit bewußte und unbewußte emotionale Erfahrungen einher.

Die Phantasiereisen dienen der Vorbeugung zu einer Gesundheitserhaltung und dem Entgegenwirken infolge beschriebener Symptome und deren Kompensation. Die gelenkten Phantasiereisen schaffen eine Aus-Zeit inmitten des Alltags und sind als Pflege der eigenen Psychohygiene zu betrachten.

## Das Motiv, dieses Buch zu schreiben

In meiner therapeutischen Arbeit bin ich mit den unterschiedlichsten Symptombildern und deren verschiedenster Ausprägung und Konstellation konfrontiert worden. Eine gute therapeutische Wahl war bei entsprechender Indikation das Autogene Training wie auch der Einsatz von gelenkten Phantasiereisen. Da der Buchmarkt die unterschiedlichsten Phantasiereisen anbietet, die für ein bestimmtes Klientel bestimmt sind, kam ich auf die Idee, eigene Entspannungsgeschichten ohne Wiederholung bestimmter Formeln zu schreiben.

Der Einsatz eigener Phantasiereisen im Praxisalltag zeigte, daß sich die Klienten sehr gut entspannen konnten. Grundlegend wichtig war mir jedoch, daß der Hörende oder Lesende sich als Person direkt angesprochen fühlt.

Die Sensibilität innerer Wahrnehmungen wird erhöht durch die innere Schau der Dinge. D.h. das innere Sehen, Hören, Riechen, Schmecken, Fühlen wird durch bewußt gelenkte Beschreibungen, Darstellungen der Naturelemente wie das azurblaue Wasser des Meeres, der blaue Himmel, das saftige Grün der Wiesen, der sanfte oder starke Wind, der duftend feuchte Waldboden, das kräftige Rot des Klatschmohns usw. bewußt gemacht. Das Wechselspiel von kräftigen und blassen Farben, das Hören von entspannenden Geräuschen aus der Natur und dem Lärm der Umwelt sind stimmig in den Verlauf der Reisen eingebunden. Dabei wird der Klient in seinem Alltag abgeholt, nämlich dort, wo er gerade steht, das kann in der Schule, im Haushalt, im Büro, an einem freien Tag zu Hause, im Auto, im Zug usw. sein. In dieses Szenario gehören Streß, hervorgerufen durch Hektik, Nervosität, Angst, Lebensirritationen, Beziehungskrisen u.v.m. Belebende Erfahrungen werden ins „Bild" gesprochen bzw. formuliert. Der Hörende wie auch der Lesende erhält den Blick nach innen, so daß er Anregungen, Inspirationen bekommt, die seiner Phantasie „Flügel" verleihen. Die gelenkten Phantasiereisen besitzen eine emotional positiv besetzte Wortwahl, die in der Phantasie des Klienten entsprechend positiv besetzte Bilder hervorrufen soll. Vorliegende Entspannungsreisen bedeuten für zahlreiche Menschen eine echte Lebenshilfe, die ihr Dasein bereichert, erfüllt, beglückt, z.T. neu sinnstiftend gestaltet. Es hat mich immer wieder neu begeistert und mit Freude erfüllt, wenn ich Menschen therapeutisch begleitet habe, die unter dem Einfluß einer konzentrativen Selbstentspannung körperliche, geistige und seelische Veränderungen erfahren haben. Ziel der Phantasiereisen ist es, persönliche Emotionen helfend positiv zu steuern, zu beeinflussen und zu begleiten. Somit wird das Selbstvertrauen gestärkt.

Die Übernahme von Selbstverantwortung geschieht zum Wohl der eigenen Psychohygiene und der eigenen Gesundheit.

## Ziel des Buches

ist es, durch den Einsatz der Abenteuerreisen die Kreativität, die Phantasie, die Entdeckung eigener vorhandener Potentiale bzw. Fähig- und Fertigkeiten zu fördern und diese weiter auszubauen. Der Hörende bzw. Lesende soll:

→ Die eigene Reflexionsfähigkeit entwickeln und fördern,
→ das eigene Erleben verarbeiten,
→ die Selbständigkeit fördern,
→ das Selbstwertgefühl aufbauen,
→ positive Kernglaubenssätze entwickeln,
→ hinführen zum Abbau und zur Reduktion von Nervosität,
→ die Konzentration und Aufmerksamkeit fördern,
→ die Kreativität fördern,
→ Oasen der Ruhe und Stille suchen und erfahren,
→ Ruhe und Stille aushalten und genießen,
→ lernen loszulassen und sich fallenzulassen,
→ konstruktiven Umgang mit Streß erlernen,
→ für soziale Wahrnehmungen sensibilisiert werden,
→ Gedanken des Glücks wahrnehmen und genießen.

# Einleitung

Heute leiden viele Menschen unter Zivilisationskrankheiten, die durch Streß hervorgerufen werden und oftmals einen chronischen Verlauf nehmen. Dort, wo Spannung bzw. Anspannung überstrapaziert wird, entsteht Verkrampfung, in deren Folge eine innere Desorganisation entsteht, die zu einer körperlichen und seelischen Krankheit führt. Davon betroffen sind nicht nur überforderte Hausfrauen und Mütter, sondern auch Menschen, die im Berufsleben stehen oder gar Berufstätigkeit und Haushalt sowie Kindererziehung zu leisten haben. Ebenso werden auch Kinder davon tangiert. Der Praxisalltag zeigt, daß bereits Vorschulkinder ein verplantes und gestreßtes Leben führen können, weil es ihre Eltern so organisieren. Kürzlich hielt ich einen Vortrag zum Thema „Hetzkrankheit" vor einer Elterngruppe. Es waren ausschließlich Eltern der gehobenen und höheren Mittelschicht, die einen hohen pädagogischen und psychologischen Selbstanspruch besitzen. Diese Eltern vergessen, daß ihre Kleinen oftmals lieber ohne Anleitung und Struktur frei spielen wollen. Hier wird eine Überpädagogisierung und -psychologisierung deutlich, die zwangsläufig zum Verlust von Muße und Stille, freiem Spiel, spontaner Aktivität und Spaß führt. Bei dieser Klientel wurde deutlich, daß die freie Zeit ihrer Kinder einfach verplant und somit in eigene Zeitraster von Beruf, Haushalt, Sport usw. verwoben wurde.

Verantwortlich dafür sind familiäre, schulische, berufliche, gesellschaftliche Anspruchshaltungen, Verpflichtungen, Maßnahmen. Kleine und große Menschen reagieren mit Streßsymptomen wie Konzentrations-, Schlaf-, Verdauungs-, Verhaltensproblemen, irrationalen Ängsten, die zu gesundheitlichen Beeinträchtigungen führen. Verantwortungsbewußte Eltern sind gefordert, umzudenken, und zwar für sich selbst und für ihre Kinder. Auch in einer Zeit, in der gesunde Werte immer mehr abnehmen, besitzen Eltern noch immer Vorbildfunktion. Kinder beobachten das Verhalten ihrer Eltern sehr genau. Verantwortlich sollten sie dafür Sorge tragen, daß ein gewisses Maß an Entspannung z.B. mittels Autogenen Trainings oder Phantasiereisen in den Tages- oder Abendstunden fest eingeplant wird. Die persönliche Aus-Zeit soll eine Oase der Ruhe und Stille sein, also eine sichere tägliche Ruheinsel. Eines ist besonders wichtig: Lassen SIE sich Zeit. Planen SIE mindestens 15, oder besser 30 Minuten an Zeit ein. Phantasiereisen möchten langsam erlebt werden. Das kostbare Gut Gesundheit und Leistungsfähigkeit sollte pflegend gelebt werden. Auch

Kinder können im Zuge eigener Selbstverantwortung lernen, sich Aus-Zeiten zu gönnen, um Streß abzubauen bzw. sich den Alltagsanforderungen zeitweilig zu entziehen. Kinder bedürfen natürlicher Freiräume, damit eine geistig, seelisch und körperlich kindgerechte Entwicklung gelingen kann. Nur so erlernen sie die Fähigkeit, eigene innere Bilder zu entwickeln und zu bewahren, um sich gegenüber äußeren fremdbestimmten Bildern abzugrenzen.

Ein leidiges Thema in vielen Familien ist der PC-, Fernseh- und Videokonsum. Eltern haben die Verantwortung und die Verpflichtung, den Medienkonsum ihrer Kinder zu kontrollieren und zu reglementieren, wenn es manchmal sein muß, konsequent auszuschalten.

Kinder und Erwachsene müssen sich in ihrer Welt zurechtfinden. Ich höre immer wieder Klagen von Erwachsenen, wie gestreßt und überfordert sie seien. Aber wie sieht die Welt für Kinder aus? Kinder klagen selten, außer wenn es um die Schule geht. Sind es nicht gerade Kinder, die sich in einer Erwachsenenwelt zurechtfinden müssen und einer permanenten Überforderung ausgesetzt sind? Darüber denken wir Erwachsene wohl kaum nach. Erwachsene bzw. Eltern sind in erster Linie Erzieher und Begleiter ihrer Kinder. Einen Teil der Lebenswegstrecke gehen sie gemeinsam mit ihrem Kind und dann sollten sie loslassen können. Erwachsene bieten den Rahmen für Orientierung, Verantwortlichkeit und Sicherheit. Auf dem Hintergrund der eigenen Psychohygiene sowie der Ausgestaltung ihrer Lebenswirklichkeit ist der Kontext eigener Normen und Werte zu sehen.

Die Phantasiereisen holen Groß und Klein im Alltag ab und sind ein wichtiger gemeinsamer Begegnungsraum. Eltern haben verantwortlich für ihre Kinder zu sorgen, damit sie in einer hektischen und schnellebigen Welt ihren Ort für Zeit und Raum, Stille und Entspannung finden. Diese Aspekte sind ebenso von Bedeutung wie das notwendige Maß an Liebe, Geborgenheit und Sicherheit. Bei einem ausgewogenen Verhältnis von An- und Entspannung ist es möglich, positiv auf die seelische und körperliche Gesundheit Einfluß zu nehmen. Jedoch was ist, wenn SIE selbst hektisch und ruhelos sind? Kinder beobachten und reagieren auf Unruhe und Irritationen bzw. Streß wie Seismographen. Daher stehen SIE als Erwachsener stets in der Verantwortung und unterliegen der Verpflichtung Ihrer eigenen Psychohygiene. Wenn SIE selbst Zeiten für Raum und Stille gefunden haben, wird Ihnen Ihr Kind ganz automatisch folgen. Begleiten SIE es dabei liebevoll oder begeben SIE sich gemeinsam auf Reisen, wenn Ihr Kind es wünscht und SIE es zeitlich möglich machen können. Diese Zeit der Begegnung gibt Ihrem Kind Geborgenheit, Vertrauen und Selbstvertrauen. SIE unterstützen ein gesundes Heranwachsen und eine gemeinsam glücklich gelebte Zeit mitten im Alltag. Ein zufriedenes und gestärktes Kind wird mit belastenden und irritierenden Lebensaspekten ruhiger, gelassener und verantwortungsvoller umgehen als ein Kind, das Ich-schwach ist. Trotz des Überangebots der Medienvielfalt zeigt es sich in praxi, daß Kinder und Jugendliche das Vorlesen und Erzählen von Phantasiereisen vorziehen. Sie lieben es regelrecht und wünschen sich im häuslichen Bereich, wie im therapeutischen Kontext, daß Zeiten der Ruhe und Entspannung mittels Phantasiereisen ritualisiert werden. Das Ausleben der kindlichen Phantasie und deren Kreativität ist für die psychische Entwicklung von enormer Bedeutung.

Für ein Vorschulkind muß bereits Raum vorhanden sein, daß es seine schöpferische Phantasie und sein gestaltendes Spiel, in denen es soziale Kompetenzen und kognitive Fähigkeiten entwickelt, ausleben kann. Seine Fähig- und Fertigkeiten können am optimalsten in der Balance von An- und Entspannung gelernt bzw. entwickelt, gefördert, erprobt werden. Sind diese Lernfelder von außen eingeschränkt oder aufgrund eigener dispositioneller Defizite, so müssen kreative und andere Aspekte im Laufe der weiteren Sozialisation nachgelernt werden. Dieses Feld gelingt manchmal schwer und bedarf einer enormen Anstrengung des Kindes, ebenso des Erwachsenen, seine verinnerlichte negative Grundhaltung zu ändern. In den späteren Schuljahren kommen die Pubertät, die Adoleszenz sowie die Identitätsbildung und -findung und die Reife der eigenen Persönlichkeitsentwicklung. Auch Jugendliche bedürfen der elterlichen emotionalen Zuwendung, wenngleich dieser Aspekt von manchen Eltern zu wenig berücksichtigt wird. Die Selbstfindung des Kindes bzw. Jugendlichen muß ureigens bewältigt werden. Gerade in einer Zeit, wo Vater- oder Mutterlosigkeit, häufig durch Scheitern der Ehe, vorherrscht, wird Führungslosigkeit erneut zu Bindungslosigkeit, welche im Extremfall zur Verwahrlosung führen kann. Wenn Eltern in Krisenzeiten für Kinder und Jugendliche positive elterliche Leitbilder darstellen, wird der Betreffende sie in seinem Weiterleben integrieren. Dieses hat Ausschlag bei der Partnerwahl, bei der Berufsfindung und der Integration in den Beruf, bis hin zu einer gelungenen Familienbildung.

## Historischer Hintergrund

Das Autogene Training wurde durch den Nervenarzt Prof. Dr. med. Johannes Heinrich Schultz in den zwanziger Jahren entdeckt. Schultz arbeitete an einer Berliner Klinik und wandte das Autogene Training erfolgreich an. 1932 erschien sein Buch „Das Autogene Training – Konzentrative Selbstentspannung, Versuch einer klinisch-praktischen Darstellung". Er entwickelte das Autogene Training aus seinen Erfahrungen im Umgang mit der Hypnose, die er bei Menschen einsetzte, die, wie wir heute sagen: psychosomatisch erkrankt waren. Auch Techniken, die aus der Meditation kommen, setzte Schultz ein. Inzwischen hat das Autogene Training als konzentrative Selbstentspannung einen breiten Zulauf in allen Bevölkerungsschichten gefunden. Diese Form zählt zu den autosuggestiven Psychotherapieverfahren, in denen ohne Verbalsuggestion keine therapeutische Handlung und Heilung durch den Therapeuten denkbar wäre. In der Sitzung bildet der Therapeut eine Leitfigur für das Kind, den Jugendlichen, den Erwachsenen. Nur wenn die Bereitschaft des Klienten vorhanden ist, sich einer solchen Behandlung zu unterziehen, ist diese Einflußnahme möglich. Jedoch gilt diese Voraussetzung für alle psychotherapeutischen Interventionen.

Der Klient soll sich aus seiner passiven Abhängigkeit und dem subjektiven Gefühl des Ausgeliefertseins an seine Krankheit befreien. Somit entwickeln sich positive Auswirkungen der Autosuggestion.

Die bekannteste Übungshaltung im Autogenen Training ist die Kutscherhaltung. Schultz fiel in den zwanziger und dreißiger Jahren auf, daß die Berliner Droschkenkutscher völlig entspannt, leicht vor sich hindösend, auf ihrem Bock saßen. Er bemerkte ihren abgesenkten Muskeltonus, ihre geringe Muskelspannung und ihren gelösten geistig-seelischen Zustand. So wurde die Kutscherhaltung zu seiner Grundübungshaltung.

Die Grundidee zur Durchführung des Autogenen Trainings und der Umsetzung der Prinzipien sind für Kinder, Jugendliche und Erwachsene gleich. Es muß jedoch der Tatsache Rechnung getragen werden, daß Kinder anders lernen als Erwachsene. Kinder stehen den Körpersinnen näher als Erwachsene. Kinder sind sinnlicher in ihrem Lernen und spüren ihre Wahrnehmungsvorgänge als ganzheitliche Erfahrung. Kinder verfügen meistens über eine bessere Körperwahrnehmung und sind eher in der Lage, konkrete Inhalte zu visualisieren und diese Aspekte mit ihrer Phantasie zu verknüpfen. Kindern wird aufgrund ihrer Entwicklung nachgesagt, daß sie Grenzgänger zwischen Phantasie und Wirklichkeit seien. Es ist Bestandteil einer kindlichen Entwicklung, es ist das Wechsel- und Verwechselspiel ihres tragfähigen Weltbildes. Viele Erwachsene hingegen sind es gewohnt, die Ganzheit systematisch aus Elementen aufzubauen.

## Kontraindikation

Kontraindiziert sind Entspannungsverfahren in der Einzel- und Gruppenbehandlung bei Klienten mit starken Persönlichkeitsstörungen, mit akuten Psychosen, mit Depressionen, Hypochondern, Magersucht, Leibfeindlichkeit, Körperfremdheit oder neurotischen Störungen. Ebenso kontraindiziert zeigt es sich bei manchen hyperkinetischen Kindern, wie auch bei instabilen Menschen, bei denen es zu enormen Angst- und Abwehrreaktionen kommen kann.

*Für eine Gruppenbehandlung sind kontraindiziert:*
➜ Klienten mit schweren Kontaktstörungen, in Verbindung mit massiven Ängsten vor den Gruppenteilnehmern,
➜ Klienten mit antisozialen Verhaltensweisen,
➜ Klienten mit massiv aggressivem Potential.

*Für den häuslichen Bereich sind kontraindiziert:*

→ Das Umsetzen und Üben, wenn schädigende Einflüsse des Familiensystems den Wert der Entspannungsverfahren zunichte machen. Der Betreffende zieht sich u.U. noch mehr zurück und seine Isolierung verstärkt sich.

→ Es gibt auch Klienten, die das Üben im häuslichen Bereich verweigern; dieses z.T. vor den Angehörigen verleugnen. Für die Betreffenden gibt es aus ihrer subjektiven Sicht zahlreiche Gründe wie Bequemlichkeit, kaum vorhandener Leidensdruck, mangelnde Verantwortung usw.

→ Im Zuge einer Besserung, Linderung, schnellen Heilung neigen manche Klienten dazu, ihre Entspannungszustände in ihrer Häufigkeit und Ernsthaftigkeit im Hinblick auf die Anwendung zu reduzieren.

*Ein wichtiger Hinweis für Eltern:* Der Therapeut soll den Eltern verdeutlichen, daß der Einsatz und das Üben von Entspannungsmaßnahmen keineswegs zu einer Leistungs- und Strafmaßnahme reduziert werden darf.

Genannte Aspekte sollten im therapeutischen Gespräch geklärt werden. Die Aufgabe des Therapeuten besteht darin, an die Klienten im Hinblick auf Eigenverantwortung ihrer Psychohygiene zu appelieren.

## Irritation

Zu Beginn der Phantasiereisen können sich für große und kleine Klienten sogenannte Irritationen einstellen, welche sich jedoch im weiteren Behandlungsverlauf aufheben.

Im folgenden können auftreten:
→ Starker Speichelfluß und ständiges Schlucken,
→ Magen- und Darmgeräusche,
→ starker Lidschlag,
→ Jucken, Kribbeln, Muskelzucken, Zittern,
→ starkes Herzklopfen,
→ Außengeräusche werden als laut und störend wahrgenommen,
→ usw.

Diese und ähnliche Aspekte treten höchstens in der Anfangsphase auf. Durch Gewöhnung, Entspannung und Gelassenheit gegenüber inneren und äußeren Reizen und einer Lenkung der Aufmerksamkeit auf zu hörende Inhalte werden o.g. Aspekte bedeutungslos. Wenn der Betreffende es geschehen läßt, löst sich alles um ihn herum auf und dieses geschieht wie von selbst. Der Erfolg kann sich mühelos einstellen.

## Indikation für eine therapeutische Behandlung

Durch das Überforderungserleben bei Kindern, Jugendlichen und Erwachsenen kommt es zu einer Störung der inneren Balance. Mögliche Verursachungsfaktoren müssen zunächst in einem Vorgespräch eruiert werden. Symptome der Überforderung können durch eigenen überhöhten Selbstanspruch oder durch die Eltern, Einschlaf- und Durchschlafprobleme, nervöses und unkonzentriertes Verhalten, Ängste, introvertiertes Verhalten, Selbstsicherheitsprobleme, aggressives Verhalten, Nägelkauen, Tics, Bettnässen, Infektanfälligkeit u.v.m entstehen.

Es ist sinnvoller, die Kinder bei angezeigter Indikation einer Psychotherapie zuzuführen als sie mit Psychopharmaka ruhig zu stellen, damit sie konzentriert und still sind.

Gesundheit, ein wertvolles Gut, ist gebunden an ein harmonisches Gleichgewicht zwischen Leistung und Erholung, ebenso zwischen Anspannung bzw. Spannung und Entspannung. Die Klienten werden gegen Ende der Diagnostikphase ausführlich über körperliche und seelische Abläufe im Zusammenhang gedachter, empfundener, gelebter Wahrnehmungen informiert. Ebenso gehören die Diskussion von Alltagsproblemen, deren zukünftige Reflexion und Bewältigung dazu. So entsteht bei den Betreffenden ein neues Verantwortungsgefühl, verbunden mit einer neuen Selbstregulation, mit dem Ziel einer Heilung. Insgesamt betrachtet wird somit die Persönlichkeit des Klienten gestärkt.

## Diagnosebildung

Vor dem Beginn einer therapeutischen Behandlung soll eine gründliche Diagnostik erfolgen. Es werden Daten und Fakten zu einer biographischen und Familienanamnese erhoben. Eine eingehende Exploration des Klienten erfolgt im Rahmen eines psychodiagnostischen Gesprächs. Die Voraussetzung für eine erfolgreiche Arbeit mit dem Kind ist, daß die Eltern von der Notwendigkeit überzeugt werden, daß Phantasiereisen für die gesamte Entwicklung ihres Kindes therapeutisch notwendig sind.

Die Eltern werden darauf hingewiesen, daß sie dafür Sorge zu tragen haben, daß das Kind zu bestimmten Zeiten einen Ort der Ruhe zur Verfügung hat. Es ist das Recht eines jeden Klienten, Aus-Zeiten zur Entspannung zu haben. Diese Zeiten sollen von allen Familienmitgliedern akzeptiert werden. Gerade die Mittagszeit bietet sich für Phantasiereisen an, weil hier das eigene Leistungstief einsetzt. Je nach Zeit und Möglichkeit kann der Betreffende entscheiden, ob er einen Powerschlaf von zwanzig Minuten wahrnehmen möchte oder ob er direkt nach der Entspannung gestärkt an seine Arbeit gehen will. Selbst im anschließenden Spiel zeigen sich Kinder gelöster und kreativer.

Wenn Phantasiereisen das abendliche Einschlafritual abschließen, so soll dabei keine Rücknahme erfolgen. D.h. der Betreffende geht in den eigentlichen Schlaf über. Das abendliche Einschlafritual soll für das Kind einen entspannenden Charakter besitzen. Vater oder Mutter lesen die Einschlafgeschichte, wodurch das Kind direkte Zuwendung eines Elternteils erfährt.

## Symptomatik

Folgende aufgeführte Symptome, die eine Indikation für gelenkte Phantasiereisen sinnvoll erscheinen lassen, sind Verhaltensstörungen und psychosomatische Beschwerden:
→ Aggressionen,
→ motorische Unruhe,
→ hyperkinetisches Syndrom, ADS, ADHS,
→ Aufmerksamkeitsschwäche,
→ Konzentrationsstörungen und -schwächen,
→ Nägelkauen,
→ Tics,
→ Ängste,
→ Hemmungen,
→ Einschlaf- und Durchschlafprobleme,
→ Kopf- und Nackenschmerzen,
→ Magenschleimhautentzündung,
→ Erbrechen,
→ Adipositas,
→ Obstpation,
→ Nervöse Atembeschwerden,
→ Tagträume,
→ Schulunlust,
→ Schulangst,
→ Probleme bei Streßbewältigung,
→ Selbststeuerungsprobleme,
→ geringe Frustrationstoleranz,
→ etc.

## Der Therapeut als Vorbild

Im Einzelkontakt und in der Gruppe soll sich der Therapeut als Vorbild verstehen. Es muß eine Selbstverständlichkeit sein, daß er aktiv mitübt. Auch bei kleinen Klienten soll er sich nicht als Aufsichtsperson verhalten, damit er nicht negative Autoritätsfunktionen eines Kontrollorgans vermittelt. In Gruppenprozessen wird es sich leider nicht immer vermeiden lassen, weil es der pädagogische und therapeutische Umgang mit Störern erfordert. Dieses ist auch respektive der anderen Gruppenteilnehmer verantwortlich durchzuführen.

Der mitübende Therapeut sollte mit halboffenen Lidern, dem sogenannten „Eulenblick", den Verlauf und den Prozeß der Entspannung verfolgen. Somit hat er die Gruppe unter Kontrolle, gleichzeitig auch sich selbst.

Viele Therapeuten berichten, so auch das eigene Erleben, daß die Durchführung von Entspannungsverfahren eine heilsame Erholung im Alltag praktizierender Psychotherapeuten darstellt.

## Psychohygiene

Der Begriff Psychohygiene meint die psychische Gesundheit. Hygiene kommt aus dem Griechischen und heißt Gesundheit. Die Verantwortung für die eigene Gesundheit ist ein wichtiger Lebensaspekt. Der Klient sollte alles tun, was seiner psychischen Gesundheit förderlich erscheint. Seine Selbstverantwortung ist abhängig vom Weltbild und von Normen und Werten. Entsprechend wird er sein Leben meistern und bewältigen. Das innere Bild bestimmt in hohem Maße, wie er lebt. Entscheidend und von großer Wichtigkeit im Hinblick auf die Psychohygiene ist die Tatsache, wie positiv er in seiner Welt lebt. Wie auch immer die Welt um ihn herum aussieht, letztlich lebt er in seiner Welt so, wie er sie erleben kann. Den Alltag lebt er. Er muß ihn meistern. Menschen, die ihr Leben positiv leben, sehen Chancen, Möglichkeiten, Ziele, Visionen und erleben gewinnbringende Erfahrungen. Diese Menschen sind „Möglichkeitsdenker, Visionäre, Weltveränderer", im Kleinen und im Großen. Ihre Lebensattribute sind getragen von Selbstverantwortung, Leidenschaft, Optimismus, Hingabe, Begeisterung. Prägend für das eigene Selbstbild und Weltbild, ebenso für die damit verbundenen Normen und Werte, sind die Erziehung, Kindheits- und Jugenderfahrungen, Kultur und Gesellschaft. Für alle Menschen ist die Liebesbeziehung entscheidend. Neueste Untersuchungen belegen, daß das Ausmaß und die Qualität der Liebesbeziehung Einfluß auf die persönliche Reife haben. D.h. eine positive Reifeentwicklung basiert stets auf der Grundlage einer positiv gelebten Beziehung. Es ist jedem bekannt, daß die Liebe das Leben positiv verändert. Wenn der Klient mit sich selbst in einer inneren Balance ist, so wird er eine gewisse Lebensqualität haben. Lebensfreude, Selbstbejahung, Orientierung und Selbstverantwortung werden ihn stark machen bzw. seine Psychohygiene stärken. Er kennt seinen Wert, spürt Dankbarkeit und Glück. Denn: Glück kommt von innen. Eine starke Psychohygiene dient letztlich dem Gesamtorganismus, so daß er aufgrund psychischer und körperlicher Regulationsmöglichkeiten in der Lage ist, dem Alltag mit seinen Herausforderungen, aber auch den Niederungen, besser und kraftvoller begegnen zu können. Der Klient soll seine Bedürfnisse, Wünsche, Hoffnungen ernst nehmen, sie gehören zum Leben. Lebt er sein Leben verantwortungsvoll, wird er ggf. seine Kernglaubenssätze verändern.

## Der heilende Einfluß durch Phantasiereisen

Die Freisetzung und das Ausleben der eigenen Phantasie und Kreativität ist für jeden Menschen im Umgang alltäglicher Konflikt-, Problem- und Lebensbewältigung uneingeschränkt wichtig. Mit den gelenkten Phantasiereisen geht eine Bewußtseins-erweiterung einher. Neue Handlungsmuster und Möglichkeiten entwickeln sich, um die innere und äußere Welt zu verstehen und sich darin besser zurechtzufinden. Durch eigene Erfahrungs- und Erlebnisaspekte werden Kräfte und Energien freige-setzt, die zu mehr Autonomie und Selbstbestimmung führen. Die ganzheitliche Entfaltung des Menschen wird durch gelebte Phantasie und Kreativität bunter und vielgestaltiger. Neue elementare, schöpferische Lebenskraft wird durch innere Bilder hervorgerufen. Durch die Wendung und Konzentration nach innen findet der Klient zu sich selbst. Nach einer gewissen Zeit erlebt er spürbar eine heilende, befreiende, lösende Wirkung auf seinen Gesamtorganismus. Die Reduktion von Streß führt er selbst herbei, indem er sich eine Aus-Zeit gönnt.

Im Zustand völliger Entspannung und in dem Empfinden von Wärme geschehen physiologische Veränderungen im Organismus. Dem Klienten ist es zunächst nicht bewußt, daß seine Alltagsprobleme außerhalb seines Denkens sind. Er ist im Einklang mit sich selbst, hat eine neue Schau der inneren Erlebnisaspekte. Visualisierte, auditi-ve, taktile usw. Wahrnehmungen wirken beruhigend auf das vegetative Nervensy-stem. Die Atmung und der Herzschlag werden ruhig und gleichmäßig, die Gefäßmus-kulatur entspannt sich, Kopf-, Nackenschmerzen, Magen- und Darmbeschwerden usw. werden gelindert, heben sich auf. Die Selbstheilungskräfte des Menschen wer-den durch Ruhe und Stille aktiviert. Durch Phantasiereisen, aber auch durch Medita-tion findet der Mensch zu sich selbst, d.h. er ist im Einklang mit sich selbst. Die durch den gezielten Einsatz beschriebenen Farb-, Geräusch-, Geruchs-, Taktil- und Ge-schmacksaspekte wirken auf das emotionale und psycho vegetative Geschehen ein. Diese Wahrnehmungsinhalte werden mit der Alltagswirklichkeit, den eigenen Ur-laubserlebnissen und den gesamten Lebenserfahrungen verbunden. Es sind Seelen-erlebnisse. Nicht nur dem Feinschmecker bereiten visualisierte und beschriebene Früchte u.ä. einen direkten und nachhaltigen, aber auch sinnlichen Erlebnisgenuß, der förmlich auf der gesamten Zunge zergeht. Festzuhalten ist, daß selbst bei lokal begrenzter Entspannung stets eine vegetative Entspannung herbeigeführt wird. So entspannt sich das ganze Nervensystem bzw. der ganze Organismus. SIE selbst können eine vegetative Umschaltung nicht willkürlich herbeiführen. Das vegetative oder autonome Nervensystem reguliert alle notwendigen Funktionen wie Atmung,

Stoffwechsel, Kreislauf, Verdauung von selbst, eben autonom. Im Gegensatz zur Fortbewegungsmuskulatur unterliegen die inneren Organe nicht der Befehlsgewalt des Bewußtseins. Durch den Zustand einer vegetativen Umschaltung wird für eine Balance von Leistung und Erholung gesorgt. So kann kein Mensch z.B. seinem Herzen befehlen, daß es langsamer schlagen soll. Die vegetative Umschaltung des Körpers von Leistung zur Erholung wird durch die Konzentration des gezielten Einsatzes bestimmter Vorstellungsbilder herbeigeführt. Dieses geschieht durch die enge wechselseitige Beziehung zwischen seelischen Prozessen und vegetativem Nervensystem. Vegetative Funktionen werden durch emotionale Zustände ausgelöst, wie z.B. Ärger, Freude usw. Um zu körperlicher Entspannung bzw. Erholung zu gelangen, bedarf es bestimmter Umwege, welche durch gelenkte Phantasiereisen das Problem der Autonomie einer vegetativen Umschaltung lösen. Dieses gilt für alle Entspannungsverfahren.

Der Mensch als Ganzheit ist ein Leib-Seele-Geist-Wesen. Er lebt in seiner inneren Vernetzung und in der Verbindung mit der Außenwelt. Selbst wenn nur ein Bereich belastet oder beansprucht wird, reagieren zwangsläufig und direkt die anderen Bereiche darauf, so daß sich der gesamte Organismus damit auseinandersetzen muß. Der damit zu verarbeitende Streß wirkt auf Ihr Immun- und Abwehrsystem.

Mit Hilfe der Phantasiereisen können sich die Klienten von ihren inneren Bildern leiten lassen, die einen positiven Einfluß auf das Alltagshandeln nehmen. Lebendigkeit, Kreativität, Phantasie erweitern die Lebensqualität und somit die Gesundheit. Es entwickelt sich das Gleichgewicht eines guten Körpergefühls von innerer Ruhe und Gelassenheit bzw. eine psycho-physische Balance.

# Die Vorbereitung vor dem Antritt einer Phantasiereise

Es ist wichtig, sich die Zeit zu nehmen, die für eine Reise benötigt wird. Es ist gelebte Zeit! Der Therapeut, der Lesende, der Hörende soll für optimale Voraussetzungen sorgen, bevor er mit einer Behandlung beginnt, damit er oder seine Klienten ungestört und entspannt auf eine Reise gehen können.

Der Therapeut hat daran zu denken, daß es Klienten gibt, die schnell frieren. Für diese Teilnehmer sollen Decken vorhanden sein. Folgende Aspekte sind dabei zu beachten:

➜ Ausschalten sämtlicher Stör- und Lärmquellen. Dazu gehören Telefon, Fax, PC, Klingel etc.,
➜ Fenster weit zum Lüften öffnen,
➜ Tages- oder Kunstlicht dämpfen,
➜ Duftkerze oder Öllampe anzünden,
➜ Schuhe aus- und ggf. warme Socken anziehen,
➜ Brille, bei Bedarf den Gürtel ablegen,
➜ Decke, Kissen, Matte etc. bereitlegen,
➜ Blumenstrauß oder ein Blumengesteck auf den Tisch stellen,
➜ bereits im Vorfeld visualisieren, d.h. vor dem Beginn einer Phantasiereise mit den Klienten, das Teilen z.B. einer Zitrone, Orange etc.,
➜ gezielter Einsatz eines Duftstoffes oder diverses Obst, Gemüse, Kräuter und Gewürze.

Der Therapeut oder Teilnehmer sollte das tun, was dem Wohlbefinden bekommt! Gerade für Kinder ist es bedeutungsvoll, an welchem Ort sie sich entspannen. Dann Übungsort und Entspannung werden unbewußt miteinander verknüpft.

## Die Übungsformen

Die häufigsten Übungsformen innerhalb der Praxis werden im Sitzen oder Liegen durchgeführt. Bei Kindern ist darauf zu achten, daß der Stuhl der Größe des Kindes angepaßt ist. Es gibt auch die Möglichkeit, das Autogene Training, die Phantasiereisen in der Kutscherhaltung durchzuführen oder im Schneidersitz, Fersensitz, Lotussitz, die aus der Meditation hervorgegangen sind. Um jedoch längere Zeit in einer entspannten Haltung zu verweilen, ist es ratsam, die Position zu wählen, die der Lieblingshaltung entspricht. Wenn es der Situation angemessen erscheint und dem Bedürfnis entspricht, können auch die Füße auf den Schreibtisch gelegt werden. Im Alltag ist es ratsam, Raum und Zeit zu nutzen, um maximalen Gewinn und Entspannung daraus zu erzielen. Durch den Augenlidschluß wird die Konzentration nach innen unterstützt. Bei halb geöffneten Augen kann der Blick auf eine phantasierte bzw. visualisierte Farbfläche oder Landschaft etc. gelenkt werden. Hörende können bereits vor Antritt der Reise die Augen schließen oder, wenn nicht anders möglich, leicht geöffnet halten. Das ist nicht immer ganz einfach, denn im Zustand der Ruhe kommen häufig störende Gedanken. Diese Störgedanken können zunächst den Verlauf beeinträchtigen. Und dennoch: Der Übende soll sich auf die Reisen einstellen. Jeder Teilnehmer sagt sich selbst: Gedanken kommen und gehen, nichts stört. Er läßt es ruhig zu, daß er Dinge wahrnimmt, die ihm vorher nicht bewußt waren. Er sagt: Es ist nicht schlimm. Diese Dinge haben Zeit, sie können warten, und er läßt los. Dabei ist wichtig:

➜ Sich treiben lassen, ruhig und vollkommen entspannt sein,
➜ sich den eigenen Gefühlen, Gedanken, Empfindungen überlassen,
➜ sich von dem gehörten oder gelesenen Text inspirieren lassen,
➜ sich durch eigene Inspirationen leiten lassen,
➜ die Gedanken der Phantasie mit auf die Reise nehmen.

## Die Übung im Sitzen

*Sitzen auf dem Stuhl:*
➜ Beine schulterbreit auseinander stellen,
➜ die Kniegelenke senkrecht über den Fußgelenken,
➜ beide Füße stehen fest auf dem Boden,
➜ der Rücken ist angelehnt oder gerade aufgerichtet,
➜ Hände und Oberarme liegen leicht angewinkelt und locker auf den Oberschenkeln.

*Sitzen im Sessel:*
Der Teilnehmer kann die gleiche Position wie auf dem Stuhl einnehmen. Bei einem Sessel mit hoher Rückenlehne besteht zusätzlich die Möglichkeit, den Kopf anzulehnen.

## Die Droschkenkutscher-Haltung

Die Droschkenkutscher-Haltung vollzieht sich im Sitzen und ist die „klassische Sitzhaltung". Der Klient sitzt auf einem Stuhl oder Hocker. Die Beine hüftbreit, die Knie rechtwinkelig gebeugt, so daß die Füße mit der ganzen Sohle Bodenkontakt haben.

Der Oberkörper ist nach vorne geneigt, der Kopf ist entspannt und leicht nach vorn geneigt, die Unterarme liegen leicht auf den Oberschenkeln. So befinden sich Rumpf und Kopf in einem labilen Gleichgewicht. Die Hände ruhen locker auf der Innenseite der Oberschenkel.

## Die Übung im Liegen

Der Teilnehmer hat die Möglichkeit, seine Übung auf einer Entspannungsliege, Couch, Bett, auf dem Boden (mit Isomatte oder Decke darunter) durchzuführen. Optimal ist es, wenn der Raum über eine Fußbodenheizung verfügt, weil sich dadurch die Muskulatur schneller entspannt:

→ Auf dem Rücken liegend,
→ der Kopf sollte möglichst flach auf der Unterlage ruhen,
→ für den Kopf kann auch ein flaches Kissen oder eine Nackenrolle verwandt werden,
→ Beine ausgestreckt, dabei leicht gespreizt,
→ eine zusammengerollte Decke unter die Kniekehlen legen,
→ Arme leicht vom Oberkörper gespreizt, auf dem Boden liegend,
→ die Hände liegen locker mit der Handinnenfläche auf dem Boden.

Ich will außerdem erwähnen, daß auch die Möglichkeit der Bauchlage und der Seitenlage besteht. Dieses kommt selten vor, sollte aber umgesetzt werden, wenn es der Lieblingshaltung des Betreffenden entspricht.

Der Therapeut hat zu Beginn darauf zu achten, daß der kleine, aber auch der große Klient bequem liegt. Gegebenenfalls macht er Verbesserungsvorschläge.

## Die Übung im Fersensitz

→ Auf den Fersen sitzen,
→ zur Entlastung kann ein Kissen zwischen Gesäß und Fersen gelegt werden,
→ der Oberkörper ist aufgerichtet,
→ die Hände liegen auf den Knien oder im Schoß.

## Die Übung im Schneidersitz

→ Die Beine sind locker verschränkt,
→ aufrecht sitzen und den Kopf gerade halten,
→ die Hände liegen locker im Schoß,
→ die linke Hand in die geöffnete rechte Hand legen.

*Alternative:*
➜ Hände mit nach oben geöffneten Handflächen auf die Knie legen.

## Die Rücknahme

Bevor die Reise beendet wird, kann der Klient verweilen. Er kann solange in diesem Zustand bleiben, wie es für ihn angenehm und wohl ist. Der Therapeut läßt dem einzelnen wie auch den anderen Gruppenteilnehmern genügend Zeit. Zum Abschluß der gelenkten Phantasiereise leitet der Therapeut mit fester Stimme die Rücknahme ein. Die Teilnehmer führen die Rücknahme durch, um den Kreislauf wieder anzuregen. Geist und Seele werden wieder hellwach. So geschieht die Umschaltung von der tiefen Entspannung in das Tagesbewußtsein. Es ist der Übergang von der inneren in die äußere Welt. Danach fühlen sich die Betroffenen ausgeruht und frisch. Jetzt kann jeder einzelne mit neuer Energie seinem Tagewerk nachgehen.

## Die Durchführung der Rücknahme

➜ Fäuste fest ballen,
➜ kräftig die Arme recken und strecken,
➜ tief durchatmen,
➜ Augen auf und wach.

## Einzelbehandlung

Es gibt Kinder und Jugendliche, die eine Gruppenbehandlung vorziehen, weil sie durch die Teilnahme anderer Personen mehr Spaß bekommen. Ebenso gibt es Klienten, die nicht im unmittelbaren Fokus des Therapeuten stehen wollen. Ein nicht zu unterschätzender Effekt ist das soziale Lernen in der Gruppe. Stark introvertierte Klienten hingegen wollen zunächst lieber die Einzelbehandlung. Wenn möglich, sollte zunächst dem Bedürfnis des Klienten entsprochen werden. Der zeitliche Rahmen einer therapeutischen Sitzung sollte 50 Minuten nicht unterschreiten. Im weiteren Verlauf der Behandlung kann ggf. neu überlegt werden.

Bereits vor der ersten Übung erklärt der Therapeut die Rücknahme. Der Therapeut oder ein Elternteil soll mit sanfter Stimme langsam den Text sprechen. Nach dem Ende der Phantasiereise und deren Rücknahme benötigt der Klient genügend Zeit und Raum, um sein Bild phantasievoll gestalten zu können. Der Verantwortliche soll für eine entspannte Atmosphäre sorgen, auch wenn der Betreffende sein Bild sprachlich darstellt.

## Gruppenbehandlung

Die durch den Therapeuten zusammengestellte Gruppe ist keine symptomorientierte Gruppe. Sie trifft sich regelmäßig einmal wöchentlich, zu einer bestimmten Zeit. Der Leiter bezieht sich als gleichwertiges Mitglied ein.

Für Kindergruppen sollte eine Teilnehmerzahl von 5 bis 7 Kindern nicht überschritten werden. Bei einer Jugendlichengruppe sollten es nicht mehr als 10 bis 12 Teilnehmer sein, während eine Erwachsenengruppe durchaus bis zu 20 Mitglieder haben kann. Bei Kinder- und Jugendlichengruppen ist auf eine möglichst gleiche Altersstufe zu achten. In der Regel sollte der Altersunterschied nicht mehr als drei Jahre betragen. Ausnahmen bilden z.B. nicht altersentsprechende bzw. reifungsverzögerte Kinder und Jugendliche.

Der zeitliche Aufwand einer Gruppensitzung sollte je nach Gruppengröße 1,5 bis 2 Stunden betragen. Wichtig ist im Vorfeld, daß der Therapeut Regeln, die für die Gruppe Gültigkeit haben, allen Teilnehmern deutlich macht. Diese Regeln bilden die Gruppennormen, die von jedem Mitglied einzuhalten sind.

Wenn zu Beginn der Gruppensitzungen Kinder stören, so hat es einen erheblich negativen Einfluß auf das weitere Geschehen. Deshalb sind Störaktionen sofort Einhalt zu gebieten, indem der Therapeut den Störer umplaziert. Es gilt dabei zu berücksichtigen, daß es Störer gibt, die aufgrund sozialer Anpassungsprobleme kein situationsangemessenes Verhalten zeigen können. Für diese Kinder ist es hilfreich und notwendig, wenn eine Steuerung von außen durch den Therapeuten erfolgt. Praktisch bedeutet das, daß der Therapeut den Störer direkt gegenüber sitzen hat und ihn somit stets unter Blickkontrolle hat. Besonders beliebt ist bei Kindern und Jugendlichen der Platz direkt neben dem Therapeuten. Kinder, die sich dort plazieren, übernehmen gerne freiwillig Pflichten und Teilverantwortung für die Gruppe. Unabhängig von der Tatsache, daß die Klienten eine feste Sitzordnung in der Runde oder am Tisch haben, hat der Therapeut darauf zu achten, daß die Teilnehmer Aufgaben und Pflichten, welche die Gruppe betreffen, übernehmen.

Bereits bei der Konstituierung einer Gruppe macht der Therapeut deutlich, daß sämtliche Inhalte, die besprochen, analysiert, reflektiert, gemalt, geschrieben werden, innerhalb der Gruppe bleiben. Alles, was in diesem Rahmen geschieht, sind persönliche, z.T. existentielle Erfahrungen, die einen hoheitlichen Stellenwert im eigenen Norm- und Wertesystem einnehmen und somit der gegenwärtigen Vertrautheit im Sinne einer Schweigepflicht unterliegen. Dargestellte Inhalte, Bilder, Gespräche bzw. Reflexionsgespräche innerhalb der Sitzungen finden in einem „Schonraum" statt, in dem sich jedes Gruppenmitglied öffnen kann, ohne dafür Ablehnung durch die anderen Mitglieder zu erfahren. Im gruppentherapeutischen Gespräch hat das Reden, wie auch das Schweigen, seine Bedeutung.

Für den Verlauf einer positiven Gruppenbehandlung steht das „Wir-Gefühl", welches die Gruppe entwickelt. Unter den großen und kleinen Klienten entwickelt sich ein gegenseitiges Verständnis, eine Akzeptanz, wodurch das „Wir-Gefühl" ausgelöst wird, so daß sich jeder einzelne gut aufgehoben und verstanden fühlt. Das „Wir-Gefühl" bestimmt das Gruppenklima. Eine Gruppe, die über ein hohes „Wir-Gefühl" verfügt, läßt Freiheit und Toleranz von individuellem Erleben zu.

Durch die Häufigkeit der Gruppensitzungen entsteht eine Vertrautheit der Gruppenmitglieder untereinander. Je vielfältiger, intensiver und offener sich diese Kontakte gestalten, um so erheblicher ist ihr Einfluß auf die Gruppenatmosphäre. Diese hat wiederum einen positiven Einfluß auf das eigene Selbst. Nicht selten geschieht es, daß sich Freundschaften unter den Gruppenmitgliedern bilden.

Die Verantwortung und die Steuerung der Gruppenprozesse obliegen dem Therapeuten. Zum einen hat er die Gruppe als Ganzes, zum anderen jedes Einzelindividuum mit seiner spezifischen Symptomatik im Blickfeld seiner Betrachtung. Er trägt Sorge für einen korrekten und sachlich wertfreien Verlauf einer jeden Sitzung. Gegenüber jedem Teilnehmer hat er eine Fürsorgepflicht. Jeder einzelne Klient ist unter Berücksichtigung seiner individuellen Stärken und Schwächen zu fördern.

Im Eingangsgespräch hat der Therapeut die Gruppe, wie auch den einzelnen, dort abzuholen, wo sie gerade stehen. Nach einer Phantasiereise erfolgt die Rücknahme, in deren Anschluß die Klienten ihrer eigenen erlebten Reise in Form von Malen und Zeichnen Ausdruck verleihen. In der Reproduktion erlebter innerer Bilder geschieht eine Reflexion und Aufarbeitung durch das Malen. Bisher gelebte Erfahrungsinhalte werden in einem Zustand der Entspannung durch die Information der Phantasiereise aktiviert, abgeglichen, vermischt und zu einem neuen, sehenden, hörenden, riechenden, schmeckenden und fühlbaren Wahrnehmungserlebnis. Nach dieser Phase stellen die Klienten ihre Bilder der Gruppe vor. Jeder einzelne beschreibt, erklärt, kommentiert seine Erlebnisse bzw. Wahrnehmungsinhalte. Der Therapeut hat darauf zu achten, daß jede Reflexionsphase einen natürlichen Abschluß findet.

Bei großen wie bei kleinen Klienten kommt es vor, daß sie aufgrund mangelnder Förderung oder durch frustrierende Schulerlebnisse, häufig im Fach Kunst, eine negative Selbsteinschätzung ihrer kreativen Anteile erfahren mußten. Bei absoluter Weigerung sollte der Therapeut Alternativen zur Verarbeitung und Reflexion anbieten. Eine gute Möglichkeit ist die Reproduktion durch das Schreiben oder ein graphisches oder symbolhaftes Malen.

Der Einsatz entspannender Musik ist möglich, jedoch keineswegs unbedingt erforderlich. Gerade in der heutigen reizüberflutenden Zeit, wo wir Menschen überall von Musik „umspült" werden, halte ich es in Abhängigkeit oder nach Gefühlslage des Klienten für ratsam, auf zusätzliche Reizquellen zu verzichten. Egal, wo wir heute erscheinen, ob im Supermarkt, an der Tankstelle, im Restaurant, auf der Toilette (wobei es hier Sinn macht), im Bekleidungsgeschäft etc., überall werden uns akustische Reize aufgezwungen.

## Der Ablauf einer Gruppensitzung

Kinder, die vor dem Beginn einer Gruppe warten, weil sie zu früh gekommen sind, sollten die Möglichkeit zum Toben haben, wenn die Räumlichkeiten es zulassen. Zur Gruppensitzung setzen sich alle Klienten gemeinsam in die Runde. Diese kann in Form eines Stuhlkreises oder auch am Tisch sein. Bevor in der ersten Sitzung mit der ersten Reise begonnen wird, soll erst noch einmal über das Wesen und den Sinn von Entspannungsübungen einschließlich der Phantasiereisen diskutiert und aufgeklärt werden.

Wenn möglich, sollen die Teilnehmer die Augen schließen oder sie leicht geöffnet halten. Es gibt jedoch Menschen, die sie schlecht zulassen können oder sich mit geöffneten Augen sogar besser konzentrieren können, gleichwie es Personen gibt, die mit geöffneten Augen beten. Dieses haben Eltern und Therapeuten zu akzeptieren!

Aus Platzgründen ist es in der therapeutischen Praxis bei einer Gruppenbehandlung selten möglich, Liegen, wie es Waltraud Kruse und andere Autoren zu Beginn des Autogenen Trainings empfehlen, aufzustellen. Jedoch zeigt die Erfahrung, daß beim Einsatz von Phantasiereisen oder Autogenem Training andere Übungsformen ebenso praktikabel sind.

Bereits vor Beginn der ersten Übung erklärt der Gruppenleiter bzw. Therapeut, wie die Rücknahme erfolgen soll.

## Das Malen in der therapeutischen Behandlung

Vorweg ein Hinweis zum Material: Dem Klienten sollten verschiedene Materialien zur freien Auswahl angeboten werden. Dazu gehören kleine und große Malblöcke, Tapetenrollen oder Flipchardblätter. Entsprechend sollten auch verschiedene dicke und dünne Blei- und Buntstifte und Copicstifte, Wachsmal- und Pastellkreiden sowie, bei entsprechenden Möglichkeiten, Wasserfarben und diverse Pinsel zur Verfügung gestellt werden.

Der Therapeut sollte darauf hinweisen, daß sich verschiedene Materialien gut miteinander mischen bzw. auch übermalen lassen:

→ Die Themenwahl wird ausschließlich dem Klienten überlassen.

→ Das unbewußt und bewußt Wahrgenommene soll frei und unabhängig jeglicher
Norm gestaltet werden.

→ Die Kreativität wird dabei angeregt, gleichzeitig werden für den Klienten z.T. tiefe
Einblicke in das Unbewußte freigegeben.

→ Die Reproduktion des Wahrgenommenen hat bereits einen reflektierenden und
z.T. aufarbeitenden Wert im Zuge der Erhellung als Leib-Seele-Geist-Wesen.

→ Der helfende und heilende Aspekt des Malens hat in der pädagogischen,
psychologischen, therapeutischen und in der kunsttherapeutischen Arbeit einen
immens hohen Stellenwert.

Nach der Rücknahme projiziert der Klient sein subjektiv ureigenes Erleben auf das be-
reitliegende Papier und wird somit aktiv. Die innere Vorabschau seiner gesehenen Bilder wird im Hinblick auf Wichtigkeit und Bedeutung seiner Wahrnehmungsinhalte
sprichwörtlich ausgemalt. Das Malen ist eine der bedeutendsten Möglichkeiten, sich
auszudrücken. Im Malen und Zeichnen, aber auch Schreiben geschieht symbolhaft
ein Prozess der Selbstreflexion, der bewußt und unbewußt Anteile des eigenen Selbst
gestaltend transformiert. Dabei wird der Weg zur eigenen Spiritualität und Trans-
zendenz möglich. Ist die aktiv gestaltende Person fertig, so erzählt und beschreibt sie
in der Einzelsituation oder in der Gruppe skizzierte, gemalte oder geschriebene Inhalte aus ihrer Sicht der Dinge. Bei Unklarheiten, gezeichneten, aber nicht erwähnten
Aspekten sind Rückfragen seitens des Therapeuten gestattet. Wird eine Analogie des
Gehörten und Projizierten nicht oder unzureichend hergeleitet, so kann der Therapeut zur Erhellung der Bewußtheit und deren weiterer Verarbeitung seines Klienten
sachliche Fragen stellen. Dabei soll er auf keinen Fall eigene Interpretationsmuster
einfließen lassen.

Kinder in der Einzel- wie auch in der Gruppenbehandlung zeigen und entwickeln
neue kreative und phantasievolle Bilder. Durch die bildhaften und beschreibenden
Worte des Lesenden, dem warmen Klang seiner Stimme, der sanften Betonung und
dem ruhigen und gleichmäßigen Sprechen gelangen die Klienten schnell und leicht in
einen Zustand der Ruhe, auch wenn die Betreffenden vorher Streß hatten. Schnell
spüren sie Entlastung an Leib, Seele und Geist. Gemalte Bilder geben das beispielhaft
wieder. Im Laufe der Zeit malen die Betreffenden umfassend mehr, vielgestaltiger und
wesentlich farbenfroher, bis hin zum Detail, das ausdifferenziert und „blumig" dargestellt wird. Der Aktive staunt über sich selbst, über sein eigenes Potential kreativer
Möglichkeiten und „wächst so über sich hinaus".

## Selbstreflexion

Mit der Formulierung „Und SIE verweilen"/ „Und Du verweilst", innerhalb und am Ende der geführten Reise, soll dem einzelnen wie der Gruppe Zeit zum Innehalten, Zeit zur Selbstreflexion gegeben werden, um eigene Phantasien, Träume, Visionen und Realitäten zuzulassen. Im Anschluß daran findet im Einzelkontakt, auch in der Gruppe, unter Berücksichtigung des eigenen Erlebens bzw. der Wahrnehmungsvorgänge eine Aufarbeitung der Erlebnisinhalte in Form von gezeichneten und gemalten Bildern statt. Mit älteren Jugendlichen und Erwachsenen ist auch die schriftliche Fixierung der erlebten Wirklichkeit im Hier und Jetzt als Möglichkeit der Selbstreflexion denkbar. Ist dieser Prozeß abgeschlossen, stellt der Betreffende sein Bild, seine Beschreibung erklärend und beschreibend seinem Therapeuten oder der Gruppe vor. Bei Kindern und Jugendlichen ist es manchmal in der Anfangsphase vonnöten, allgemeine Erklärungskonzepte als Anregung im Hinblick auf die Analogie zur eigenen Lebensrealität zu geben.

In der Reflexionsphase berichten die Klienten über körperliche und seelische Wahrnehmungsprozesse. Der Therapeut informiert über die unmittelbar erlebten Zusammenhänge und, wenn nötig, lenkt er führend jeden einzelnen Teilnehmer in den Prozeß des Selbsterkennens.

## Transfer im häuslichen Bereich

Kinder lieben es, wenn sie von einem Elternteil eine Geschichte bzw. eine Phantasiereise vorgelesen bekommen. Grundvoraussetzung dafür ist, daß sich der Betreffende Zeit nimmt. Ihre Stimme verrät Ihren inneren Zustand. Kinder haben ein feines und sicheres Gespür für echte, liebevolle Zuwendung. Selbst der Vorlesende partizipiert davon, denn er selbst kann sich dabei hervorragend entspannen. Durch die entspannte und beruhigende Situation und der eigenen Bilderschau kehrt der Betreffende dem Alltagsfrust- und Streß den „Rücken", so daß er unbedingt für sich selbst die Rücknahme vornehmen muß. So wird das Kind in den sanften Schlaf übergehen und der Leser selbst wird entspannt und ausgeglichen in den Feierabend gehen.

Der regelmäßige Einsatz von Phantasiereisen zu festgelegten Zeiten ist für Kinder ritualisierend und rhythmisierend, welches sich positiv auf den Erfolg auswirkt. Kinder lieben Rituale und sprechen schnell darauf an, weil sie Stabilität, Zuverlässigkeit und Ordnung aufweisen. Für Eltern, Erzieher, Lehrer, Therapeuten sind Phantasiereisen ein wertvoller Begegnungsraum mit Kindern. Sie sind ein wichtiges Hilfsmittel bei dem Aufbau einer kindlichen Weltsicht und eine große Hilfe bei der Bewältigung von Leistungsanforderungen.

So sind Phantasiereisen ebenso zu Beginn der Hausaufgaben empfehlenswert, wie abends vor dem Einschlafen. Das Kind, der Jugendliche und auch der Lesende können anschließend konzentrierter, energievoller und zielorientierter alltägliche Aufgaben bewältigen.

## Sichtbare Zeichen der Entspannung

Sichtbare Zeichen der Entspannung werden von den Betroffenen auch gleichzeitig fühlbar wahrgenommen. Diese inneren Vorgänge können, müssen aber nicht, als unangenehm empfunden werden. Deshalb ist es hilfreich, wenn dem Klienten vorher erklärt wird, was folgende Anzeichen bzw. Reaktionen bedeuten und weshalb sie entstehen. Durch die zuvor gegebene Information ist der Betreffende in der Lage, diese Zeichen positiv zu bewerten. Es können leichtes Kribbeln in Händen und Fingern, Muskelzuckungen, Magenknurren und Rumoren im Bauchraum oder Taubheitsgefühle an Händen und Füßen auftreten. Gleichzeitig sieht der Therapeut oder der lesende Elternteil folgende Anzeichen:

→ Die Augenlieder liegen ruhig,
→ die Atmung geschieht tief, gleichmäßig, verlangsamt,
→ Schluckgeräusche entstehen,
→ Magenknurren und Rumoren.

Alle erwähnten Aspekte sind Ausdruck einer tiefen Entspannung.

# Der therapeutische Prozeß und seine Wertfreiheit

Biermann und andere Therapeuten weisen darauf hin, daß oftmals nach der Sitzung beim Therapeuten, aber auch zu Hause von seiten der Eltern der Versuch unternommen wird, auf Kinder und Jugendliche einzuwirken. Solch ein Verhalten würde bei dieser Zielgruppe Widerstände hervorrufen. Jede Entspannungsreise eines Kindes, Jugendlichen und Erwachsenen ist eine persönliche Angelegenheit in jeder spezifischen Situation. So hat es auch dort seinen Platz. Dritte als Zuschauer, zu denen auch Eltern gehören, mindern die fruchtbare Spannung einer therapeutischen Begegnung und deren weiteren Verarbeitungsprozess. Jede erlebte und verarbeitete Phantasiereise ist eine Reise ins eigene Ich. Es sind subjektive Bilderlebnisse, d.h. Wahrnehmungsvorgänge, die wertfrei zu betrachten sind. Diese Aussage gilt jedoch für alle psychotherapeutischen Behandlungsformen.

## Die Rückmeldungen

In den Schulen, Kindergärten und Tagesstätten klagen die Verantwortlichen über Lärmpegel, große Unruhe, Nervosität, Disziplinlosigkeit, Gewalt und Aggressionen. Damit einher gehen geringer Selbstanspruch, geringe Lernbereitschaft, schwankende Konzentration und Aufmerksamkeit, mangelnde Ausgeglichenheit usw. Die Gründe dafür sind vielschichtig. Erzieher und Lehrer, die nach Lösungen suchen, bedienen sich z.T. der Entspannungsverfahren. Häufig setzen sie kurze Phantasiereisen vor dem eigentlichen Unterricht, optimal, wenn es vor einer Klassenarbeit erfolgt, ein. Somit übernehmen diese engagierten „externen Erzieher" Verantwortung für ihre Kinder, um sie besser z.T. erziehen und unterrichten zu können. Sie schieben die Verantwortung nicht ausschließlich auf die Eltern oder auf andere Therapeuten. Dennoch reicht eine sporadisch erlebte Phantasiereise oftmals nicht aus, um Symptome, wie an anderer Stelle erwähnt, behandeln zu können. Die Behandlung eines Klienten gehört in die Obhut eines erfahrenen Psychotherapeuten.

Die Rückmeldungen von Eltern und Lehrern während und nach einer psychotherapeutischen Behandlung sind fast ausschließlich positiv. So wird geschildert, daß sich die Kinder weniger auffällig in der Schule und zu Hause verhalten, daß sich das konzentrative Leistungsverhalten verbessert hat, daß sich die Noten verbessern, daß gehemmte Kinder mehr aus sich herausgehen, ihre Kreativität entdecken, entwickeln und begeistert pflegen, aber auch, daß ihr Selbstwert und ihr Selbstbewußtsein zunehmen.

## Ganzheitlichkeit

Die in diesem Buch enthaltenen Abenteuerreisen erheben einen ganzheitlichen Anspruch und besitzen gleichzeitig lehrenden und bildenden Charakter. Auf diese Weise lernt das Kind, der Jugendliche, der Erwachsene, sich selbst, seine Umwelt, wie auch die große weite Welt mit ihren unterschiedlichen Kulturen und deren spezifischen Besonderheiten „spielend" bzw. hörend, lesend kennen und erfahren.

Dieses Lernen vollzieht sich auf einer ganzheitlichen, existentiellen Grundlage. Die Ganzheitlichkeit eines Menschen besteht aus Leib, Seele und Geist. Alle drei Einheiten bilden eine Ganzheit und sind untrennbar miteinander verbunden. Sie kommunizieren untereinander und bewegen sich in ständiger Abhängigkeit zueinander. Wie SIE als Leser wissen, haben Einflüsse auf die Seele auch Auswirkungen auf den Körper und umgekehrt. „Mens sana in corpore sano". Es spielt keine Rolle, ob es sich dabei um positive oder negative Einflüsse handelt. Im Leben eines jeden Menschen vollziehen sich beide Aspekte, die in Abhängigkeit der Person für sich genommen unterschiedliche Einfluß- und Folgefaktoren reklamieren. Dabei hat die Seele einen nicht zu unterschätzenden Einfluß am Gesamtgeschehen im Bereich des Erlebens und Verarbeitens.

In der ganzheitlichen therapeutischen Behandlung wird durch die Visualisierung von emotional positiven Bildinhalten eine Außenreizverarmung herbeigeführt. Durch den hörenden, lesenden gelenkten Text entstehen Bilder, die sich über die persönliche Realität des Klienten schieben, so daß er Abstand von seinem Alltag gewinnt. Hier setzt Streßabbau ein, in dessen Verlauf die Entspannung beginnt. Die Wirkung wird deutlich spürbar.

Im Zustand eines abgesenkten Bewußtseins werden szenische Erlebnisaspekte in Form einer Aneinanderreihung von Bildern als Film gesehen, die einen hohen Gefühlswert aufweisen. Stimmungen, Emotionen teilen sich in dem Wunsch des Menschen nach innerem Frieden, Ruhe, Gelassenheit, Glücksempfindungen mit. Der Klient erweitert seinen Handlungsrahmen und wird in seiner Autonomie gestärkt. Teilweise wirken diese Reisen wie Schlüsselerlebnisse auf das psychische Wohlergehen. Wie der Mensch gerne ein Andenken von einer Reise mitnimmt, selbst wenn es nur Fotos sind, so kommen positive Erinnerungen, wenn der Betreffende sich diese anschaut. Aber ebenso sind innere Bilder gespeichert. Durch das Visualisieren positiver Erlebnisaspekte werden sie immer wieder neu lebendig. D.h. spürbar, hörbar, schmeckend, riechend, fühlbar, sehbar erfüllen uns solche Augenblicke mit Dankbarkeit und Glück. Auch spirituelle und transzendente Erfahrungen sind im Alltagserleben befreiend und beglückend. Der Klient sieht, erlebt und erfährt sich selbst in einem neuen Licht.

## Streß und Hetzkrankheit

Ein menschliches Übel lautet Streß und Hetzkrankheit. Keiner will den negativen Streß, sogenannten Disstreß. Negativer Streß, als Störfaktor vitalen Lebens, wirkt einschränkend und blockierend. Bei jedem Menschen sind Frustrationstoleranz und somit sein eigenes Streßmuster unterschiedlich ausgeprägt. Durch schädigenden Streß wird das freie Fließen der Lebensenergie eingeschränkt. Die Folge: Seelische und körperliche Verspannungen, die zwangsläufig, wenn nicht gegengesteuert wird, in die Krankheit führen. Langzeitstreß macht krank und schädigt den gesamten Organismus! Leistungsfähigkeit und Lebensfreude des Menschen werden eingeschränkt und gleichzeitig die Abwehrkräfte geschwächt.

Jeder Tag wird von jedem Menschen nur einmal gelebt. In diesem Alltag findet auf der leiblichen, seelischen und geistigen Ebene eine permanente Auseinandersetzung mit den großen und kleinen Lebensaspekten statt.

## Streß durch Medienkonsum

Auslöser von Streß sind auch häufiger Fernseh-, Videokonsum und der überhöhte Gebrauch von PC-Spielen. Zum einen ist es der Bildwechsel im Sekundentakt, Handlungsfetzen reihen sich aneinander, die Sucht nach mehr entsteht. Die Folge sind: Inaktivität, Lustlosigkeit, Reizüberflutung mit einhergehender Nervosität und Aggressivität. Die damit verbundene Fehlentwicklung von Kindern und Jugendlichen wird auf dem Hintergrund hektischer, sensationswirkender, aufreißerischer, thematischer Inhalte von überdrehten und falschen Motiven geleiteter Gewalt, Sex und Musik dargestellt. Die heutige ungeschützte und pervertierte Darbietung führt bei Kindern und Jugendlichen zu Irritationen, Verzerrungen und Ängsten. Auch bei unkritischem und nicht selektiertem Konsum Erwachsener entsteht ein Werteverlust. Der verantwortliche Gebrauch und sinnvolle Einsatz von Medien ist in allen Familien ein heikles Thema. Es bedarf einer verantwortlichen Regulation!

## Kernglaubenssätze

Jeder Mensch, so auch das Kind, ist aufgrund seiner Disposition frühkindlicher Entwicklung, primärer und sekundärer Sozialisationsbedingungen evtl. auch mit einem chronischen Krankheitswert belastet und geprägt, der sich im Bereich von Soma und Psyche niederschlägt. Durch elementare Erfahrungs- und Erlebnisaspekte bilden bereits Kinder ihre eigenen Kernglaubenssätze, die sie ins Erwachsenenalter z.T. mitnehmen. Diese Kernglaubenssätze bestimmen und leiten die Kinder in ihrem Alltag. Negative Kernglaubenssätze blockieren, positive hingegen machen Mut, fördern die Kreativität, aktivieren eigene Ressourcen, stärken das Selbstwertgefühl usw. Negative Kernglaubenssätze unterstützen eigene Schwächen. Sie fördern Angst, Blockaden, Kreativitätsmangel, seelische und körperliche Krankheiten, Selbstunsicherheit, Minderwertigkeitserleben usw.

Das sind Aussagen wie:
➜ Ich kann das nicht.
➜ Ich fühle mich schwach.
➜ Das gelingt mir nicht.
➜ Es hat keinen Sinn.
➜ Das ist viel zu schwer.
➜ Ich habe kein Talent.

Es ist wichtig, positive Selbstgespräche zu führen. Hinter jedem Gedanken steckt eine gewaltige Kraft, deren Ursprung im Gehirn verankert ist. Es ist der eigene Geist und das eigene Denken, die darüber entscheiden, wer oder was der Mensch ist. Kleine und große Menschen können lernen, aufbauende Selbstgespräche zu führen und somit negative und ungünstige Gedanken zu parken oder ganz auszuschalten.

Eltern oder Therapeuten sind angehalten, bewußt gegen negative Überzeugungen zu steuern. Aufbauende, mutmachende Worte, Bestätigung eigener Leistung, richtige Ansätze stärken das Selbstvertrauen und fördern die Kreativitätsentwicklung des Kindes. Jedoch geschieht es schnell, daß Worte, Mimik, Gestik, Körpersprache das gesprochene Wort, das Produkt, die Handlung eines Menschen in Frage stellen können.

Negative Kernglaubenssätze können durch positive Kernglaubenssätze ersetzt werden. Der Mensch kann und soll, bildlich gesprochen, seine eigene Denkdiskette „überspielen". Andere, neue, aufbauende Botschaften sollen eingeführt werden, wie z.B.:
➜ Ich probiere es noch einmal!
➜ Ich übernehme es!
➜ Ich trainiere!
➜ Ich kann das!
➜ Ich will es!
➜ Ich bleibe dran!
➜ Ich traue mich!

Positive Kernglaubenssätze sind persönliche Lebensaufrichter. Für Jugendliche und Erwachsene können die Glaubensüberzeugungen weiter wie folgt differenziert werden:

➜ Im Mittelpunkt meines Erfolges stehe immer Ich, als Mensch, sowohl in den kleinen als auch in den großen Dingen des Lebens!

➜ Nichts ändert sich, außer Ich ändere mich!

➜ Ich nutze mein Unterbewußtsein!

➜ Ich ruhe in mir selbst!

➜ Das Feuer der Begeisterung brennt in mir!

➜ Meine Begeisterung ist der Schlüssel zu meinem Erfolg und zu meinem Glück!

➜ An der Verfolgung meiner Ziele und meiner Vision arbeite Ich konsequent!

➜ Meine Vision habe Ich täglich vor Augen!

➜ Meine Kreativität begeistert und fasziniert mich!

➜ Ich liebe mich selbst!

➜ Ich lobe mich selbst!

➜ Ich denke weniger an meine Mißerfolge, sondern mehr an meine Erfolge!

➜ Ich begrüße jeden neuen Tag mit einem Lächeln!

➜ Usw.

In jedem Menschen stecken mehr Möglichkeiten, als er sich selbst zutraut. Jeder hat die Möglichkeit, mit seinem Potential bewußt umzugehen.

Grundlegend und entscheidend ist immer die Kontrolle über die eigenen Denk- und Handlungsgewohnheiten und deren Verantwortungsübernahme. Deshalb: Jeder Mensch ist das, was er von sich denkt! Erwartet ein Mensch Positives, wird sich Positives einstellen, erwartet er Negatives, werden sich negative Ergebnisse zeigen.

## Die therapeutische Intervention

Die beschriebenen Phantasiereisen dienen einem aktiven Prozeß der Weiterentwicklung der Persönlichkeit des Klienten, in dessen Verlauf lebensbejahende und lebensbestimmende Vorstellungen, mitunter auch Wertvorstellungen, neu ins Kalkül gezogen werden. Die kummulierende Wirkung hat nachhaltig positive Fixierungen des Erlebnisrahmens und des Selbstmanagements zur Folge.

In der therapeutischen Intervention hat die aktive Imagination ihren Raum, in dessen Behandlungsverlauf persönliche Lebensgeschichten und spirituelle Erlebnisaspekte ihren berechtigten Niederschlag finden. Dieser ist unbedingt wertfrei unter besonderer Berücksichtigung der Selbstfindung des Klienten hoheitlich zu sehen, zu verstehen und zu behandeln.

Es gilt, Entspannungsbilder, Entspannungssequenzen im Sinne einer Aus-Zeit in den Tagesablauf der Kinder, Jugendlichen und Erwachsenen als etwas Natürliches und Selbstverständliches fest einzuführen. Dieses soll in der Verantwortlichkeit des kleinen und großen Klienten eigenverantwortlich umgesetzt werden. In den ersten Gruppensitzungen basteln die Kinder und Jugendlichen gemeinsam Türschilder mit folgendem Text: „Bitte nicht eintreten", „Bitte nicht stören", „Bitte Ruhe", „Aus-Zeit", oder ähnliches. Diese Schilder werden von den Kindern oftmals mit akribischer und liebevoller Sorgfalt, aber auch mit einer gewissen Befriedigung, erstellt.

## Der Umgang mit störenden Gedanken

„Gedanken kommen und gehen!" Dieses ist eine Kernaussage für alle Therapeuten, Eltern, Jugendlichen und Kinder. Daß die Klienten mit ihren Gedanken abschweifen, daß immer wieder neue Gedanken kommen, ist eine Tatsache und völlig normal. Entscheidend und wichtig ist der Umgang mit sogenannten störenden Gedanken. Niemals sollen störende Gedanken unterdrückt werden! Der Klient soll seinen Gedankenfluß als normal betrachten und seine Gedanken als Analogie zu den Wolken visualisierend verstehen. Dabei schaut der Teilnehmer beispielsweise dem Spiel der Wolken zu. Wolken kommen und gehen wie Gedanken. Wolken ziehen vorüber, formieren sich neu, ziehen weiter. So soll der Teilnehmer seine Gedanken loslassen. Den Gedanken freien Lauf lassen, sie ziehen weiter. Der Wind treibt sie weiter. Der Hörende oder Lesende soll Gedanken, Gedankenfetzen in der Entspannung niemals festhalten.

# Zur Benutzung
# der Phantasiereisen

In den Phantasiereisen wird der Mensch direkt angesprochen, so daß der Leser die direkte Anrede in Großbuchstaben z.B. „SIE", „DU" etc. wahrnimmt. Die Ansprache soll für den Leser Signalwirkung haben und somit bis ins Unterbewußtsein wirken. Für den hörenden Teilnehmer soll der Text ruhig, mit einer leichten Betonung und einfühlsamen Pausen gelesen werden. Dem Hörer soll Raum und Zeit zur freien Assoziation gegeben werden.

Eine stets diskutierte Frage: Ab welchem Alter können für Kinder Phantasiereisen sinnvoll greifen? Die Praxis zeigt, daß sich bereits Kinder im Alter von fünf Jahren auf Phantasiereisen begeben und entsprechend darüber reflektieren können. Ebenso zeigen Theorie und Praxis, daß die intellektuelle Begabung des Kindes kein ausschließlicher Indikator für die Qualität der Reflexion und die Verarbeitung ist.

Die Wortwahl und die Hinführung der Phantasiereisen sprechen in erster Linie das Gefühlsleben der kleinen und großen Klienten an. Dieses wird positiv untermauert durch die Beziehung des Therapeuten. D.h., ist eine vertrauensvolle Basis vorhanden, so ist ein günstiger Therapieverlauf gewährleistet.

Die erste Phantasiereise in diesem Buch sollten SIE zur Einführung in die Welt der Abenteuer vorlesen. So erhält das Kind eine Vorstellung von der Ausstattung des fliegenden Teppichs und von der Person, die das Kind auf seiner Reise begleitet. Es handelt sich um Balthasar, der die Welt schon 2003mal umflogen hat. Jeden Tag fliegt Balthasar in eine andere Stadt oder in einen anderen Kontinent. In der großen, weiten Welt kennt er sich aus. Er zeigt dem Kind und auch Ihnen, die interessantesten und sehenswürdigsten Schauplätze der Welt, eben andere Länder und Kulturen, die abenteuerlich sind. Das Kind, der Jugendliche, der Erwachsene wird in die Welt der Phantasie hineingeführt, durch Balthasar begleitet und erlebt in einem entspannten Zustand immer wieder neue Abenteuer. Jeder Ort, jede Region, jeder Kontinent besitzt einen besonderen Reiz. Die Reiseziele bzw. Geschichten sind, bis auf die erste, frei wählbar. Einige Abenteuergeschichten haben mehrere Teile, so daß Sie je nach Situation und Gefühlszustand des einzelnen Kindes, der Gruppe und deren individueller Mitschwingungsfähigkeit, welche sich aus dem Zustand der Ruhe abzeichnet, eine erste oder zweite, ggf. eine dritte Fortsetzung lesen können.

*Wichtiger Hinweis:* Denken SIE bitte grundsätzlich daran, daß SIE stets die Rücknahmeformel sprechen und auch durchführen, außer wenn das Kind oder SIE einschlafen wollen. Die Abenteuerreisen bieten dem Kind, dem Jugendlichen, dem Erwachsenen neben bekannten, historischen und spezifischen Landesbräuchen auch saisonbedingte Höhepunkte der jeweiligen Kulturen. Durch die illustrative Beschreibung werden Kinder und Erwachsene auf allen Wahrnehmungsebenen angesprochen. Der visuelle und auditive Bereich wird dabei am stärksten gefördert, wenngleich auch die Sinne des Riechens und Schmeckens angeregt und weiter entwickelt werden. Nach dem Lesen einer Abenteuerreise und deren Rücknahme sollten die Kinder, wie auch die Erwachsenen, die wahrgenommene Reise malen. Während dieses Prozesses werden noch einmal gehörte, visualisierte, d.h. spürbar erlebte Inhalte verarbeitet und zugleich reproduziert. Dieses drücken Kinder und Erwachsene je nach Wahrnehmungsfähig- und Genauigkeit in Form und Farbe aus. Im Anschluß daran erfolgt die Beschreibung bzw. Erklärung der Selbstreflexion des Kindes, des Jugendlichen und des Erwachsenen. In praxi erklärt und beschreibt der Betreffende, was gefühlt, empfunden und gemalt wurde.

*TIP: Nach einer Einführungsgeschichte können SIE, wenn es zum Inhalt der Geschichte paßt, eine Vorübung einsetzen, welche die Wahrnehmung des Kindes, des Jugendlichen, des Erwachsenen nachhaltig beeinflußt. Je nach Textbeschreibung können SIE dafür verwenden:*
→ *eine durchgeschnittene Zitrone,*
→ *eine durchgeschnittene Orange,*
→ *eine Scheibe frisches Brot,*
→ *eine Dose Kümmel,*
→ *einen Bund Petersilie,*
→ *frischen Dill,*
→ *frischen Schnittlauch,*
→ *frische Minze,*
→ *Zucker,*
→ *Milch,*
→ *Muskatnuß,*
→ *Käse,*
→ *ein gekochtes und geschältes Ei*
→ *usw.*

Ob für ein einzelnes Kind, einen Erwachsenen oder für eine Gruppe, SIE sollten eine passende Auswahl der aufgeführten Produkte abgedeckt bereithalten. Bereits vor Beginn der Abenteuerreise erhält der Zuhörer eine Augenbinde/Gesichtsmaske. Während der Reise reichen SIE der entsprechenden Person mit einem Löffel oder einem Teller das entsprechende Produkt.

Im ersten Schritt lassen SIE das Kind, den Jugendlichen, den Erwachsenen intensiv riechen und fragen SIE nach, was gerochen, geschmeckt, gefühlt etc. wird. Unabhängig von der Tatsache, ob das Kind, der Erwachsene richtig rät, lassen SIE das Produkt erfühlen oder schmecken. Im Anschluß daran soll das Produkt benannt werden. Wenn SIE mit einer Gruppe arbeiten, so geben SIE nicht allen Kindern dasselbe Produkt. Wechseln SIE in der Darbietung der Produkte. So sensibilisieren SIE die Geschmacks- und Geruchs- und die taktile Wahrnehmung des Klienten, die sie selbst mit eigenen Bildern, d.h. Aussehen des Produkts visualisieren. Dieses elementare Erleben intensiviert gleichzeitig zu einer neuen Erfahrung im Umgang mit diesen Produkten. Dieser Vorgang hat haptischen Wert und bedeutet für Groß und Klein eine neue Lernerfahrung, die nachhaltig ihre positive Auswirkung zeigt. Das Kind, der Jugendliche, der Erwachsene werden zukünftig auf ihren Abenteuerreisen bzw. Phantasiereisen durch visualisierte Geräusche, Gerüche, Tasterfahrungen, Bewegungen, Geschmacksrichtungen, zirkulierende Luftbewegungen etc. ganzheitlich spürbar Szenarien erleben, genießen und dabei entspannen.

## Ich stelle mich vor

Lieber Leser, lieber Hörer: Mein Name ist *Balthasar*.

Ich bin fünfundreißig Jahre alt, meine Haut ist braun und ich trage einen Vollbart. Meine Heimat ist der Orient. Deshalb trage ich seidene Kleidung, einen hohen Turban und spitze, weiche Lederschuhe. Mein Beruf ist Teppichflieger. Das war schon immer mein Wunschberuf, weil ich so gern reise, um immer wieder neue Abenteuer zu erleben. Ich bin stets auf der Suche nach neuen interessanten Entdeckungen und neuen Reisezielen.

Heute bin ich für Dich da. Ich fliege Dich in fremde Kontinente, Länder, Städte, überall dorthin, wo es Neues zu entdecken gibt. Laß Dich auf dieses Abenteuer ein und reise mit. Ich will Dein Begleiter sein.

## Komm mit ins Abenteuerland!

Dabei lernst Du fremde Kulturen und deren besondere historische Sehenswürdigkeiten kennen und lieben. Mein Teppich ist mit einem vollautomatischen Navigationssystem ausgestattet, der jedoch auch durch Handbetrieb gesteuert werden kann. Wir fliegen gemeinsam durch weiße Wolkenschichten, spüren die Luftfeuchtigkeit und die Temperaturunterschiede, nehmen den Wind in unseren Haaren und im Gesicht wahr, spüren die heilende Wärme der Sonne auf unserer Haut, sehen, hören, riechen, fühlen, erfahren vieles dabei. Du wirst feststellen, wie schön die Natur ist. Du entdeckst das herrliche Blau des Meeres, dessen Glanz durch die Sonnenstrahlen reflektierend auf Dich wirkt. Große und kleine Menschen am Strand und auf dem Wasser haben ihren Spaß beim Surfen, Segeln, Wasserskifahren, Baden und Spielen. Du entdeckst die bunte, weite Welt und wirst durch sie beschenkt. Es sind Sinnengeschenke an Dich, die Dein inneres Erleben bereichern und somit Deine Kreativität positiv beeinflussen.

## Die Führung einer Phantasiereise und ihr therapeutischer Wert

Der Beginn einer jeden Phantasiereise zeigt sich in ähnlichen Ruhebildern wie das Beschreiten eines Weges, Pfades, einer Straße, Wiese etc. Solche Ruhebilder aus der Natur sind einfach gehalten und wirken beruhigend. Schon jetzt kommen Gedanken und Gefühle zur Ruhe und harmonisieren sich. Es ist eine wohltuende Hinführung in die Welt der inneren Bilder. Hier werden Landschaften, Begegnungen, Sehenswertes, Außergewöhnliches, Interessantes, Liebenswertes aufgebaut, erkundet und schätzengelernt. Der Hörende, Lesende ist in entspanntem Zustand an jedem Geschehen mit Leib, Seele und Geist beteiligt. Er spürt die wohltuende Wirkung ganzheitlich in jedem Augenblick. Die angenehm wohlig empfundene Wärme durchströmt den ganzen Körper und reicht bis in die Hände und Füße. Im Zustand völliger Entspannung hört, sieht, riecht, schmeckt und fühlt der Klient durch die Visualisierung wahrgenommener Inhalte. Diese Wahrnehmungsinhalte dienen dem Gleichgewicht von Spannung und Entspannung, die den Lebensrhythmus eines jeden Menschen bestimmen. Die Kunst, zufrieden im Spannungsfeld beider Aspekte zu leben, besteht im Gleichklang derselben und hat somit einen entscheidenden Einfluß auf die Lebensqualität. Körperliche Abläufe von Leistung und Erholung sind in den Gesamtkontext eines Menschen so stark eingebunden, daß Vorstellungen, Gedanken, Handlungen nicht nur den Körper, sondern auch die Seele und den Geist beeinflussen. Leib, Seele und Geist sind in einem permanenten Austausch miteinander und beeinflussen sich gegenseitig.

# Literatur

Biermann, G.: *Autogenes Training mit Kindern und Jugendlichen. Beiträge zur Kinderpsychotherapie.* 3. neubearb. und erw. Aufl., Bd. 21. München/Basel: Ernst Reinhardt Verlag 1996

Bretfeld, W.: *Das Bumerang-Buch. Modellbau-Praxis.* 2. verbesserte Aufl., Stuttgart: Franckh Verlagshandlung 1987

Dießner, H.: *Zur Neukonzeption ganzheitlicher Hilfen in der Erziehungsberatung.* Essen: Blaue Eule 1993

Dießner, H.: *Gruppendynamische Übungen und Spiele. Ein Praxishandbuch für Aus- und Weiterbildung sowie Supervision.* Paderborn: Junfermann, 4. Aufl. 2002

Dießner, H.: *Mein Gesichter- Malbuch. Ein neuer Weg zur Selbstreflexion.* Paderborn: Junfermann 1998

Dießner, H.: *Mein Masken- Malbuch. Ein neuer Weg zur Selbstreflexion.* Paderborn: Junfermann 1998

Dießner, H.: *Praxiskurs Selbst-Coaching. Mit allen Sinnen wahrnehmen. Übungen für den Alltag.* Paderborn: Junfermann 1999

Dießner, H.: *Mensch – du lebst! Die 10 Schlüsselstrategien für Erfolg, Glück und Erfüllung.* E-Book bei *www.active-books.de.* Paderborn 2002

Kruse, P. & Haak, K.: *Autogenes Training für Kinder ab 6 Jahre. Entspannung, Ruhe, Konzentration.* Niedernhausen: Falken Verlag 1993

Müller, E.: *Inseln der Ruhe. Ein neuer Weg zum Autogenen Training für Kinder und Erwachsene.* München: Kösel, 4. Aufl. 1994

# Die Abenteuerreisen: Auf geht's

## Komm mit ins Abenteuerland, wir gehen jetzt auf Reisen!

# Die Reise in die Alpen

Du läufst langsam und in Ruhe zu dem großen Flugplatz. Du schreitest den Weg entlang, der über eine große Wiese führt. Dabei weht Dir der Wind um die Nase.

Du spürst den Wind in Deinem Gesicht. Deine Haare wehen und Deine Kleidung flattert um Deinen Körper herum. Jetzt erkennst Du schon den fliegenden Teppich, der Dich ins Abenteuerland entführen will. Du bist erstaunt und fragst Dich, wohin die Reise wohl gehen mag. Du bist neugierig und entdeckst einen Mann mit einem Turban auf seinem Kopf. Dieser rote, seidige, mit goldenen Sternen geschmückte Turban schillert im Licht der Sonne. Als Du näher kommst, siehst Du, daß er eine dunkelbraune Haut hat. Er sitzt stolz mit verschränkten Armen auf seinem fliegenden Teppich. Seine hellen, klaren und funkelnden Augen strahlen Dich an. Er lächelt, winkt Dir zu und sagt: „Komm, mein Freund, ich heiße Balthasar, begleite mich ins Abenteuerland." Auch Du stellst Dich mit Deinem Namen vor und fragst ihn: „Kannst Du mir sagen, wo das Abenteuerland ist?" „Ja, gewiß," antwortet er. „Das Abenteuerland befindet sich überall auf der Welt. Du kannst es immer, wann und wo Du willst, erleben. Dort, wo Du bist oder wo Du gerade sein willst, kannst Du das Abenteuerland in Deiner Phantasie kennenlernen und erleben. Mit dem fliegenden Teppich überwindest Du Mauern, Grenzen, ja sämtliche Hindernisse.

Freiheit ist angesagt. Freiheit Deiner Phantasie. Nur Mut, laß Dich darauf ein. Da, wo immer Deine Reise hinführt, ist es wunderschön. Laß Dich überraschen. Du wirst begeistert sein. Du wirst Dich oft entspannt, frei vom Streß, erholt, mit neuer Kraft erfüllt, neu konzentriert, wie neu geboren usw. fühlen."

„Komm, setz Dich neben mich." Du stellst fest, daß Balthasar keine normalen Schuhe an hat. Sofort ziehst Du Deine Schuhe aus. Balthasar erklärt Dir, daß sich hinten auf dem Teppich drei Schatztruhen befinden, aus denen Du Dich immer und jederzeit nach Bedarf bedienen darfst. Du schaust aufgeregt in die Truhen und siehst in der linken Schatztruhe goldene Werkzeuge, Schnüre, Seile, Schrauben, Haken und vieles mehr. In der rechten Truhe siehst Du wunderschöne, bequeme Kleidung, auch solche, wie Balthasar sie trägt. Du suchst Dir aus den bunten Kleidungsstücken Hose und Hemd aus Samt und Seide aus. Im unteren Teil der Truhe entdeckst Du die gleichen halbmondförmig aussehenden Schuhe, wie Balthasar sie trägt. Du streifst sie Dir über. Wie angenehm warm sie sind. Die mittlere Truhe ist etwas kleiner. Sie ist besonders schön verziert. Du traust Dich kaum, die goldene, mit Edelsteinen verzierte Schatztruhe zu öffnen. Du hebst vorsichtig den Deckel, da siehst Du schon eine mit wunderbaren Edelsteinen und Perlen bestickte Weste und auch einen seidigen, dazu passenden Turban. Deine Augen strahlen beim Anblick dieser schönen Sachen und Du freust Dich schon riesig auf das, was kommen mag. Schnell hast Du Dich umgezogen und Deine alte Kleidung in die Truhe gelegt. Stolz präsentierst Du Dich Balthasar, der Dich bewundernd, mit einem Kompliment versehen, anschaut. Du setzt Dich neben ihn, verschränkst Arme und Beine. „Nun kann die Reise losgehen," sagst Du zu Balthasar. „Moment," sagt Balthasar. „Weil Du heute das erste Mal mitfliegst, werde ich Dir die Reiseroute auf der Landkarte zeigen." Er rollt seine Karte vor sich auf dem Teppich aus und zeigt mit dem Finger die Reiseroute entlang. „Schau, wir fliegen um die Welt." Balthasar betätigt einen roten Knopf auf seinem goldenen Kästchen, denn dies ist das Navigationssystem. Dieses System ist mit der neuesten Computertechnik ausgestattet. Du entdeckst auf dem Monitor zahlreiche Labels als Landesfahnen. Der Teppich fängt sofort leicht, kaum merkbar, zu vibrieren an. Dabei hebt er sich sanft in die Luft. Die Reise beginnt, und Du steigst höher und höher. Du spürst den Wind in Deinem Gesicht. Es ist sehr angenehm, Du bist total begeistert. Du glaubst, Du träumst. Du schaust nach unten und siehst, wie die Häuser, die Bäume, die Wiesen immer kleiner werden. Bald bemerkst Du ganze Wälder nur noch als grüne Punkte. Flüsse und Seen erkennst Du dadurch, weil sich die Sonne auf dem Wasser spiegelt. Du fühlst Dich leicht und frei. Vor lauter Begeisterung bist Du sprachlos geworden. Du hörst nur noch das Rauschen in der Luft. Du nimmst diesen Zustand bewußt ganz in Dich auf. Du genießt die Faszination des Erlebens. Während Du durch die unterschiedlichen Luftschichten hindurchgleitest, spürst Du die thermischen Einflüsse, die den Teppich vorantreiben. Die leichten und ruhigen Schwankungen verschaffen Dir ein angenehmes und beruhigendes Gefühl. Hier oben ist es ganz still. Du spürst eine große Ruhe und einen inneren Frieden in Dir. Dein Atem geht ganz ruhig. Du atmest ein und aus. Ein und aus. Du stellst fest: So schön kann fliegen sein!

*Fortsetzung:*
Du überfliegst Städte, Wälder, Flüsse und Seen. Dabei geht es auf und ab. Auf und ab. Du fühlst Dich glücklich und entspannt. Alles ist so leicht, so angenehm schön. Dir ist wohlig warm. Du genießt den Zustand des Schwebens. Alles geht wie von selbst. Nun überfliegst Du ein großes Gebirge. Unter Dir befinden sich die Alpen. Du fliegst noch etwas höher. Die Thermik hebt den Teppich. Jetzt entdeckst Du die Almen, mit ihren großen Wiesenflächen, auf denen Almhütten stehen. Auf der linken Wiese siehst Du einige Kühe grasen. Durch ihre Bewegung während des Laufens hörst Du leise ihre Glocken läuten, die sie um den Hals tragen. Da unten siehst Du ein kleines Kind im Sandkasten spielen.

In freudiger Erregung geht Deine Fahrt weiter und Du entdeckst in den Felsspalten Schnee und Eis. Du siehst jetzt eine Gemse, die zu Dir hinaufschaut. Du lachst laut und rufst ihr etwas Freundliches zu. Deinen Gruß kann sie nicht erwidern, aber sie schaut Dir noch lange nach. Hier oben spürst Du eine gewisse Kühle in Deinem Gesicht. Du fühlst Dich frisch und munter und bist in voller Erwartung. Balthasar hat nämlich nicht genau verraten, was es alles zu sehen gibt. Du fragst Dich immer wieder: War das jetzt das Abenteuerland?! Oder kommt noch mehr?! Weil es aber so schön ist, willst Du Balthasar nicht fragen. Jetzt überfliegst Du den letzten Bergkamm und der Teppich nimmt an Flughöhe ab. Bei dieser Flughöhe erkennst Du die Bergblumen, die wunderschön blühen. Das gefällt Dir. Jetzt befindest Du Dich auf der Schweizer Seite, erklärt Dir Balthasar. Oh, in die Schweiz wollte ich schon immer einmal. Hier siehst Du eine Vielzahl von Almen und Hütten, vor allem siehst Du zahlreiche Kühe, Ziegen, Schafe und hin und wieder auch einen Hund. Unter Dir befindet sich ein Bach. Das Licht der Sonne spiegelt sich in diesem Bach, so daß das Wasser glasklar aussieht. Du fliegst den sich durch grüne Wiesen schlängelnden Bach entlang. Jetzt überfliegst Du gerade eine Alm, wo der Bauer ein großes Butterfaß in das glasklare Wasser des Baches legt. Hier wird die Butter zum Kühlen hineingelegt. Dabei sichert der Bauer das Faß mit dicken Steinen, damit es nicht weggespült wird. Der Bauer ist so intensiv mit seiner Arbeit beschäftigt, daß er den fliegenden Teppich gar nicht wahrnimmt. Der Teppich schwebt ganz leise durch die Luft. Du hörst lediglich ein leises Surren, das der Wind erzeugt. Jetzt siehst Du, wo der Bach entspringt. Hier ist die Quelle. Hier ist sauberes, frisches Quellwasser. Weil Du von der langen Reise Durst bekommen hast, bittest Du Balthasar, zu landen. Direkt neben der Quelle ist eine große Wiese, die übersät mit bunten Blumen ist. Das Gras ist hier hoch. Balthasar läßt sanft den Teppich landen. Auch er hat Durst, und Ihr geht beide, um Euch zu laben und zu erfrischen. Herrlich ist das kühle Wasser. Wie gut das tut. Du trinkst und schmeckst zum ersten Mal, wie köstlich Wasser schmecken kann. Du genießt jeden Schluck. Du wäscht Deine Hände und Dein Gesicht und spürst die wunderbare Kühle auf Deiner Haut. Es ist herrlich erfrischend. Balthasar ist ein wenig müde geworden und macht jetzt ein kurzes Schläfchen. Du verspürst Lust, Dich in das hohe Gras zu legen. Und Du tust es!

Um Dich herum siehst Du nur noch hohes Grün. Über Dir der schöne blaue Himmel. Du genießt die Ruhe. Du atmest den Duft der Gräser und Blumen bewußt ein. Diese Düfte verzaubern Dich und Du fühlst Dich frei und entspannt. Die Sonne wärmt Dich, eine große Ruhe macht sich in Dir breit. Du spürst Deinen Atem. Er geht ruhig ein und aus. Ein und aus. Du genießt diese Ruhe und bist völlig entspannt.

Nach ca. 20 Minuten hat Balthasar seinen Powerschlaf beendet. Er kommt zu Dir herüber und schaut in Dein entspanntes Gesicht. Er sagt: „Hallo, mein lieber Freund, komm mit in ein neues Abenteuerland." Du sagst zu ihm: „Ich dachte, das ist das Abenteuerland. Hier ist es doch traumhaft schön." „Das ist wirklich wahr," sagt Balthasar. Die Reise ins Abenteuerland hat bereits begonnen. Das war heute unsere erste

Reise. Wir werden in Zukunft noch viele Abenteuer erleben. Wir werden die Welt erkunden, dabei viele interessante Städte, Länder und deren Sehenswürdigkeiten kennenlernen. Immer und überall wirst Du dabei die Schönheit der Natur erleben, wie heute die phantastische Bergwelt, das Entspringen eines Baches und vieles mehr.

Auf geht's ins nächste Abenteuer.

# Abenteuerreise nach Düsseldorf

Auf der Flugroute nach Köln geht es direkt über die Landeshauptstadt von Nordrhein-Westfalen. Das ist die Stadt „Düsseldorf". Es ist ein warmer, sonniger Tag. Du entdeckst die vielen Menschen unter Dir. In den zahlreichen Straßencafés sitzen die Menschen. Sie alle freuen sich über das schöne Wetter und genießen dabei ihre Getränke und Speisen. Ihr fliegt tiefer und Du siehst, daß alle Sitzplätze besetzt sind. Du nimmst Geräuschfetzen auf und hörst das Lachen der Menschen. Du spürst ihnen förmlich die Freude über das Frühlingswetter an und stellst fest, daß sie gar keine Winterkleidung tragen. In den Schaufenstern der Geschäfte siehst Du bunte Frühjahrskleidung dekoriert. Du erkennst die gleichen Frühlingsblumen in den Schaufenstern, wie sie an den Straßenrändern und an manchen Balkonen eingepflanzt sind. Du spürst die Leichtigkeit der Luft, die gelöste und entspannte Atmosphäre, das bunte, fließende Treiben der Fußgänger.

Balthasar ist begeistert von den phantastischen Sportwagen, die hier an den Straßenrändern parken. Und schon dreht der Teppich nach rechts ab, weil direkt unter Euch ein Auto aus einer Parklücke fährt.

Balthasar erzählt, daß sein Sohn seine hübsche Braut Sheila in zehn Monaten heiraten wird. Als Hochzeitsgeschenk will Balthasar ein schönes Kleid von seiner Deutschlandreise mitnehmen.

Jetzt setzt der Teppich sanft auf dem Boden auf. Ihr überquert die Straße und lauft direkt auf ein Brautmodegeschäft zu.

Im Schaufenster funkeln und glitzern die perlenbestickten Hochzeitskleider im Licht der Scheinwerfer. Ihr betretet das Geschäft. Alles sieht hier so vornehm aus. Ein Kleid sieht schöner als das andere aus. Du bist total begeistert und fasziniert von den anmutenden Kleidern. Balthasar hat sich nach langem Suchen in ein wunderschönes langes Kleid mit einer riesig langen Schleppe verliebt. Es ist mit traumhaften Perlen bestickt, die einen kostbaren Eindruck machen. Auch Dir gefällt dieses Prachtexemplar. Vom Stehen und all diesen großartigen Eindrücken bist Du müde geworden.

Du setzt Dich entspannt in die weichen beigefarbenen Ledersitze, die für die Kunden sind. Nachdem Du Dir diese exclusiven Kleider und das diverse Zubehör genau angesehen hast, schließt Du die Augen. Du fühlst Dich wohl und entspannt. Du atmest den Geruch der edlen Stoffe ein. Es riecht einfach gut. Dein Atem wird ruhig, ganz ruhig. Dein Atem geht wie von selbst, ein und aus. Ein und aus. Du stellst Dir vor Deinem inneren Auge die Braut in diesem schönen Hochzeitskleid vor. In Deiner Phantasie siehst Du ein glückliches Brautpaar, aus der Kirche kommend. Geladene Hochzeitsgäste siehst Du an Dir vorüberziehen. Du hast den Eindruck, es ist wie im Märchen. Es ist ein faszinierendes Gefühl, als teilnehmender Gast fühlst Du Dich erhaben und leicht. Du wirst von Balthasar geweckt, der sanft seine Hand auf Deine Schulter legt. Du spürst die Wärme seiner Hand ganz deutlich. Es ist angenehm, und Du weißt, daß Du für kurze Zeit eingeschlafen bist und einen wunderschönen Traum geträumt hast. Du reckst und streckst Dich. Dabei hebst Du Deine Arme hoch, ballst Deine Fäuste und öffnest Deine Augen. Jetzt nimmst Du die Anspannung zurück und läßt die Arme auf Deinen Schoß sinken. Du fühlst Dich munter, ausgeruht und entspannt. Du stehst auf und fühlst Dich wie neu geboren. Balthasar bezahlt mit seiner Kreditkarte. Ihr verabschiedet Euch herzlich von der Verkäuferin. Ihr lauft zur Parklücke, betretet den Teppich und die Fahrt geht weiter.

# Abenteuerreise nach Köln, denn die Maus hat heute Geburtstag

Du läufst über einen langen Weg zu Deinem Flugplatz. Dort wirst Du von Balthasar herzlich begrüßt. Heute geht die Reise nach Köln, weil die Maus Geburtstag hat.

Sie ist fast so alt wie Balthasar, denn sie wird heute 30 Jahre alt.

Du hast in der Zeitung gelesen, daß es ein großes Fest geben soll. Auf geht's.

Balthasar stellt den PC bzw. gibt das Reiseziel ein, und schon hebt der Teppich ab.

Auf dem Flug unterhaltet Ihr Euch. Du bist schon ganz aufgeregt, denn Du kennst die Maus seit Jahren aus dem Fernsehen. Viele Sendungen hast Du von ihr gesehen und bereits viele nützliche Dinge und wertvolle Tips von ihr gelernt. Außerdem findest Du sie richtig niedlich. Es dauert gar nicht lange, und schon überquert Ihr den Rhein. Jetzt erkennst Du den Kölner Dom. Balthasar erklärt Dir, daß die Geburtstagsfeier auf drei Bühnen mit verschiedenen Künstlern stattfinden soll. Der Eintritt ist frei! Hier in der Luft kommt Dir schon ein gewaltiger Geräuschpegel zu Ohren. Du siehst eine riesige Menschenmenge und da, da erkennst Du die Maus, die gerade auf der Bühne des Roncalliplatzes vorsichtig durch den Vorhang lugt. Die Maus glaubt, von niemandem gesehen zu werden. Aber Du, nur Du allein kannst sie sehen, weil Du sie von oben beobachten kannst. Balthasar sucht verzweifelt einen Parkplatz, um zu landen. Hier in der Kölner Innenstadt ist keine einzige Lücke mehr frei. Balthasar sagt: „Das ist hier immer das gleiche Problem."

Aus der Vogelperspektive hast Du einen guten Überblick. Du entdeckst dabei auch die anderen Bühnen.

Auf dem Offenbachplatz ist das Gebiet von Tigerente und Mäuserich Philipp. Auf der Bühne am Alter Markt siehst Du Samson, wie er gerade mit Pumuckl tanzt. Es ist einfach bezaubernd, diese Partystimmung. Überall wird gefeiert, getanzt und gelacht. So ein riesiges Fest hast Du noch nie gesehen.

Plötzlich sagt Balthasar: „Ich habe eine gute Idee" und lenkt den Teppich zurück zum Roncalliplatz. Hier in der Nähe zur Bühne stehen große Bäume, wo Balthasar den Teppich in der Luft oberhalb eines Baumes zum Stehen bringt. Er sagt zu Dir: „Hole aus der Schatzkiste das goldene Seil." Jetzt kommt Balthasar zu Dir nach hinten und Ihr bindet das goldgelbe Seil an eine Öse, die an allen Teppichecken zu finden ist.

Nachdem Ihr das Seil befestigt habt, läßt Du Dich daran herunter, bis Du die starken Stämme der Baumkrone unter Dir erreicht hast. Hier oben hast Du einen ausgezeichneten Überblick über das ganze Geschehen. Unter Dir stehen die Menschen dicht gedrängt. Sie recken und strecken ihre Köpfe in Richtung Bühne. Jetzt, in diesem Moment, klingt nach einer kurzen Pause erneut laute Musik von der Bühne. Ein dicker Mann, lustig verkleidet, begrüßt die Menschen. Auch er freut sich auf die Geburtstagsparty. Er sagt, daß die Maus jeden Moment auf die Bühne kommen wird und daß wir sie alle gemeinsam mit einem kräftig gesungenen „Happy Birthday" begrüßen wollen. In diesem Augenblick gesellen sich noch zwei weitere Männer auf die Bühne.

Da, jetzt kommt die Maus!

Und schon brüllt der kleine Dicke ins Mikro und dirigiert die Menschenmenge. Auch Du singst kräftig mit. Die Maus hat richtig Spaß, sie winkt und tanzt. Du hättest beinahe mitgetanzt. Glücklicherweise fiel Dir ein, daß Du ja auf einer Baumkrone stehst.

Nun wird die Maus dreimal hochgehoben, was diese drei Männer auch schaffen, obwohl die Maus so stark beleibt ist. Die Maus wird von dem Dicken interviewt. Es folgen Tanzeinlagen, musikalische Darbietungen, alte und neue Fernsehspots mit der Maus. Zwischendurch werden kleine, orangefarbige Mäuse in die Menge geworfen. Es herrscht ein buntes, lustiges und turbulentes Treiben. Die Stimmung ist überall großartig. Du merkst, wie Deine Beine vom langen Stehen schwer werden. Du hast den Wunsch, Dich zu setzen. Und Du tust es!

Du vergewisserst Dich, daß das goldene Seil noch da ist. Du fühlst Dich müde und hast nur noch einen Wunsch: ausruhen und entspannen.

Du suchst eine bequeme Sitzhaltung. Halbliegend schaust Du zufrieden zur Bühne. Die Geräusche der Bühne und der Menschen unter Dir nimmst Du nur noch leise wahr.

Du fühlst eine innere Ruhe in Dir.

Du fühlst Dich völlig gelöst und entspannt.

Dein Atem geht ein und aus.

Ganz ruhig, ein und aus.

Deine Arme sind schwer.

Deine Beine sind schwer.

Du bist völlig gelöst und entspannt.

*Fortsetzung:*
Leise, ganz leise nimmst Du eine Fanfare wahr.

Du öffnest Deine Augen und merkst, daß Du geschlafen hast. Inzwischen ist es Abend geworden.

Du reckst und streckst Dich, atmest tief ein und aus.

Du hörst, daß die Maus zum Abschluß des Festes eine Polonaise durch die Straßen machen will. Und Du willst unbedingt dabei sein. Aber wie? Wo hier Tausende von Menschen unter Dir versammelt sind.

Du siehst, wie die Maus von der Bühne heruntergekommen ist und in Deine Richtung zieht. Vor lauter Aufregung wirst Du ganz nervös.

Da, da kommt schon die Maus.

Jetzt rufst Du aus Leibeskräften und rüttelst an einem Ast.

Du hast den Eindruck, daß Dich keiner hört. Auch die Menschen unter Dir nehmen Dich nicht wahr.

Da Balthasar Dich gehört hat und Deinen Wunsch vernommen hat, schießt er eine Leuchtrakete ab.

Mit einem riesigen Getöse explodiert, mehrfarbig leuchtend, die Rakete am Himmel. Alle Menschen und auch die Maus bleiben wie erstarrt stehen und schauen wie gebannt in den Himmel.

Für einen Augenblick herrscht Stille.

Jetzt rufst Du noch einmal aus Leibeskräften den Namen der Maus.

Die Maus ist völlig irritiert, weil sie den Rufenden noch nicht entdeckt und gesehen hat.

Jetzt, in diesem Moment, hat sie Dich entdeckt. Sie lacht und winkt Dir zu. Sie versteht, was Du willst. Sie fordert Dich auf, in ihre Arme zu springen.

Und Du tust es!

Die Maus fängt Dich sicher auf. In ihren Armen fühlst Du Dich geborgen und sicher. Sie tanzt mit Dir auf der Straße. Dabei lacht Ihr vergnügt und habt großen Spaß.

Du hältst Dich an der Maus fest und Ihr zieht ein wenig weiter. Die Menschen um Euch herum klatschen im Takt der Musik. Nun verabschiedest Du Dich von der Maus, weil Du zu Balthasar zurück willst. Sie bedankt sich bei Dir, weil Du zur Party gekommen bist. Sie wünscht Dir noch einen schönen Abend. Das gleiche wünschst Du ihr auch. Und die Maus zieht weiter.

Egal, wo immer Du sein wirst, dieses Erlebnis wird Dich Dein ganzes Leben lang begleiten.

Es war absolut großartig.

# Abenteuerreise zum gläsernen Elefanten

Du gehst über den langen, weiten Weg zum Flugplatz. Dort wartet Balthasar mit seinem Teppich auf Dich. Nachdem Ihr Euch herzlich begrüßt habt, hebt der Teppich sanft ab.

Und auf geht's.

Heute gibt Balthasar als Reiseziel die Stadt Hamm in Ostwestfalen ein. Hamm ist die Stadt, die den großen Glaselefanten als Wahrzeichen hat. Der Glaselefant ragt in majestätischer Größe im Maxipark auf und erfreut jung und alt. Du bist schon riesig gespannt. Nach kurzem Flug bringt Balthasar den Teppich sicher zur Landung, direkt neben dem Glaselefanten.

Du bist überwältigt von seiner Größe. Der Elefant zeichnet sich durch seine riesigen, weißen Stoßzähne und seinen langen Rüssel aus. Du kannst es kaum erwarten, dort hineinzukommen. Mit einem gläsernen Fahrstuhl fahrt Ihr nach oben. Hier hast Du einen beeindruckenden Blick über die Stadt Hamm.

Du hörst das Geräusch von Wasserspielen. Es klingt beruhigend. Dein Weg führt Dich in einen gigantischen Ökowald hinein. Deine Augen sehen die herrlichsten Bäume, große und kleine, dazwischen blühende Pflanzen und Blumen in kräftigem Rot und Gelb inmitten des saftigen Grüns.

So etwas hast Du noch nie gesehen. Du siehst Dir alles bewußt an und nimmst es ganz in Dich auf.

Und Ihr geht weiter. Über eine kleine Holzbrücke kommt Ihr in einen Bereich, wo etliche Bilder die Wände verzieren. Balthasar erklärt, daß hier immer wieder Kunstausstellungen stattfinden. Die bunten Bilder wirken in diesem „Ökowald" besonders intensiv. Jetzt geht Ihr eine steile Treppe hinauf, sozusagen in die nächste Etage des „Ökowaldes". Hier befindet sich ein Café. Dieses lädt zum Verweilen ein. Und Ihr tut es!

Durch die warme Luft hier oben habt Ihr Durst bekommen. Ihr bestellt Euch eine Limonade.

Ah, jetzt kommen die Getränke. Die Limonade ist blutorange, enthält Eiswürfel und einen sonnengelben Strohhalm. Dieses Getränk ist so kalt, daß Wasserperlen außerhalb der Gläser herunterlaufen. Du saugst die eiskalte Limonade langsam durch den Strohhalm. Du spürst, wie das herrlich süße Getränk langsam durch Deine Kehle rinnt. Du riechst den exotischen Orangenduft und spürst, wie Du Dich entspannst. Innere Ruhe macht sich breit. Du hörst Balthasar reden, doch verstehst Du ihn kaum. In Dir und auch um Dich herum spürst Du Ruhe und Frieden. Die Menschen um Dich herum sind mit sich selbst beschäftigt. Du nimmst sie gar nicht mehr wahr. Du bist in der Stille, im Einklang mit Dir selbst.

Und Du verweilst.

Auch Balthasar nutzt diese Zeit zur Entspannung. Nach einer Weile bezahlt Balthasar. Du trinkst Deine Limonade genußvoll aus.

Inzwischen sind im Café die Lichter angegangen, weil es draußen langsam dunkel wird. Ihr geht zurück zur Aussichtsplattform.

Dein Blick schweift noch einmal über Hamm hinweg. Hier und da siehst Du einige Lichter leuchten. Auch der Park ist wunderschön beleuchtet. Er sieht in der Dämmerung ganz imposant aus.

Ihr fahrt mit dem Fahrstuhl wieder nach unten. Draußen siehst Du Dir noch einmal den riesigen Elefanten an. Jetzt siehst Du, daß der Glaselefant im hellen Licht erscheint. Auch im Dunkeln sieht er gewaltig, ja majestätisch aus.

Und Ihr geht wieder zu Eurem Teppich zurück und fliegt weiter.

In Höhe der Autobahn schaust Du Dich noch einmal um und siehst den hellerleuchteten Elefanten in der Dunkelheit stehen.

Du sagst ihm Lebewohl und fliegst weiter.

# Abenteuerreise zur Kissinger Höhe

Du läufst über eine lange, weite Wiese zu Balthasar, der mit seinem Teppich auf Dich wartet. Freundschaftlich umarmt Ihr Euch zur Begrüßung. Du machst es Dir auf dem Teppich bequem. Balthasar gibt das Reiseziel in den PC ein, und schon hebt sich der Teppich sanft in die Lüfte. Balthasar lächelt Dich an und sagt: „Laß Dich überraschen, wohin die Reise geht", denn in dieser Stadt sind wir bereits schon gewesen. Du schaust Balthasar erstaunt an, weißt aber, daß es keinen Zweck hat, ihn zu fragen. In der Vergangenheit hat Balthasar immer wieder gezeigt, daß er gute Ideen hat und ihm die interessantesten Überraschungen gelungen sind.

Ihr überfliegt große Städte, kleine Dörfer, Flüsse, Seen, Wälder, Wiesen und Felder.

Da, dort hinten siehst Du das Wahrzeichen von Hamm in der Sonne blitzen. Nun weißt Du, daß die Reise in die Stadt Hamm in Westfalen geht. Balthasar hat Deine freudige Begeisterung bemerkt und sagt: „Heute schauen wir uns eine Berghalde am Bergwerk Ost in Hamm an. Sie heißt ‚Kissinger Höhe'. Es handelt sich um eine Berghalde, deren höchster Punkt 53 Meter beträgt. Mit der Aufschüttung der Halde wurde 1974 begonnen. Inzwischen ist ein herrliches Naherholungsgebiet entstanden. Hier siehst Du im Licht der Sonne ein bunt schimmerndes Blumenkleid. Es wachsen große und kleine Blumen in kräftigem Rot, Gelb, Pink und Blau. Es sieht aus, als wäre es ein riesiger Park mit langen Wanderwegen. Auf einer Wiesenfläche landet sanft der Teppich. Ihr beschließt, den höchsten Punkt der Halde zu erreichen. Auf dem Weg dorthin siehst Du außergewöhnlich hochgewachsene Bäume wie Erlen, Rot- und Stieleichen, aber auch Kastanien, Linden und Eiben. Balthasar erklärt Dir auch die Sträucher, wie Sanddorn, Liguster, Ölweide und Holunderpflanzen. Die „Kissinger Höhe" ist ein idealer Lebensraum für viele Vögel. Es gibt sogar Raubvögel, z.B. den Bussard, Habicht, Falken und Sperber.

Oben auf dem Berg angekommen, siehst Du, mitten im Grün, ein großes Holzhaus.

Hier entdeckst Du etliche Weinpflanzen, die sehr gut gedeihen. Es befinden sich hier exakt 99 Weinstöcke, die jährlich rund hundert Flaschen Wein erbringen. Der Wein trägt den Namen der Halde: „Kissinger Höhe". Ihr werdet von einem Haldenwart begrüßt, der Euch zu einem Gläschen einlädt.

Vor dem Haus stehen Tische und Bänke zum Verweilen. Da Balthasar ein besonderer Gast ist, bekommt er ein Gläschen von dem edlen Wein zum Verkosten. Du erhältst ein Glas mit kaltem Sprudel. Du bist froh, daß die Bäume mit ihrem satten, grünen Blattwerk Schatten spenden. Hier in der angenehmen Kühle ist es gut auszuhalten. Hin und wieder nimmst Du einen Schluck aus Deinem Glas. Der kühle Sprudel rinnt Dir langsam die Kehle herunter. Du nimmst die Kutscherhaltung ein. Du genießt diesen Zustand. Schweigend sitzt Du da, läßt noch einmal die Pflanzenvielfalt an Deinem inneren Auge vorüberziehen. Die Stille tut Dir wohl. Du genießt diese Ruhe und spürst sie in Dir. Ruhe und Gelassenheit machen sich breit. Die äußere Ruhe wird zur inneren Ruhe. Du fühlst, Du bist ganz bei Dir. Du bist verbunden, ja im Einklang mit der Natur. Die Stille ist in Dir. Du hörst die Stille. Du nimmst den Geruch der Natur wahr. Du riechst den Geruch der Bäume, den Geruch des Erdbodens, den süßen Duft der Linden neben Dir. Der Geruch der Lindenbäume ist Dir besonders angenehm. Er ist wohltuend, er löst ein angenehmes Gefühl in Dir aus. Du spürst, wie Du mit jedem Atemzug diesen angenehmen Duft in Dich aufnimmst. Dein ganzer Körper nimmt diesen Duft auf. Frischer Sauerstoff strömt in Deinen Körper. Du atmest bewußt langsam ein und aus .

Ein und aus. Und so geschieht es.

Deine Arme werden schwer, Deine Beine werden schwer. Du bist versunken in Dir selbst. Du bist völlig gelöst und entspannt. Eine angenehme Wärme breitet sich aus. Und Du verweilst.

# Abenteuerreise
# mit dem U-Boot

Du gehst über eine lange, geradeaus führende Straße. Heute ist es sehr heiß. Die Sonne brennt auf dem Asphalt, so daß Du ein Flimmern oberhalb der Straßendecke siehst. Wegen der drückenden Hitze gehst Du langsam die Straße entlang. Die Hitze nimmt Dir Deine Energie. Dein Atem geht schwer. Ein und aus. Ein und aus.

Dort hinten siehst Du schon Balthasar, der direkt neben der Straße auf einem Parkplatz auf Dich wartet. Die Wiedersehensfreude ist riesig groß. Balthasar programmiert das Reiseziel ein, und auf geht's.

Wegen der drückenden Hitze fliegt Ihr über den Wolken. Hier ist die Lufttemperatur angenehm kühl. Du spürst die angenehme Kühle auf Deiner Stirn. Es tut Dir wohl.

Du fühlst Dich erfrischt. Du spürst, auch Balthasar bekommt die Abkühlung gut. Er lächelt Dich entspannt an. Auch Du bist entspannt. Du merkst, die Reise geht in den Norden Deutschlands. Balthasar fliegt jetzt wieder unterhalb der Wolken. Jetzt erkennst Du die Häuser und Bäume. Dort schlängelt sich ein Fluß entlang. Balthasar sagt, dieser Fluß dort unten sei die Schlei. Da schau mal, das ist das Städtchen Kappeln, ein beliebter Urlaubsort. Jetzt zeigt Balthasar mit dem Finger nach rechts. Schau, dort ist die Ostsee. Das ist unser Reiseziel. Du bist ganz verwundert. Unter Euch befindet sich die Stadt Eckernförde. Balthasar lenkt den Teppich direkt zum Strand. Der Teppich setzt sanft auf dem Sand auf. Hier siehst Du eine kleine Gruppe von Menschen. Hinter ihnen befindet sich ein riesiges Ungetüm im Wasser. Es ist ein U-Boot. Du traust Deinen Augen kaum. Aber es ist wahr. Ihr geht auf diese Gruppe zu und werdet von ihnen begrüßt. Balthasar kennt einige von diesen Personen. Sie sind von der Marine und tragen alle blaue Uniformen. Nur der Kapitän trägt eine andere Mütze als die Matrosen. Sie sehen so vornehm und elegant gekleidet aus. Der Kapitän lädt Euch auf sein U-Boot ein.

Du bist total aufgeregt und gespannt. Mit einem U-Boot bist Du noch nie gefahren.

Du läufst über einen schmalen Steg direkt auf das U-Boot. Jetzt steigst Du eine steile Metalltreppe hinab. Dabei hältst Du Dich mit beiden Händen links und rechts am Treppengeländer fest. Hier unten werdet Ihr von weiteren Matrosen begrüßt. Du glaubst, Du träumst. Es ist beinahe unheimlich. Du hörst, wie oberhalb die Luke geschlossen wird. Ein lautes Motorengeräusch ertönt und auf geht's.

Das Boot taucht unter. Du schaust aus dem Bullauge und siehst direkt in das klare Wasser. Die Fahrt geht mit 47 km/h geradewegs hinaus in die Ostsee. Die Fahrt ist ruhig und die Sicht ist klar. Durch das Bullauge siehst Du viele bunte Fische. Ganze Schwärme von Fischen ziehen vorüber. Große und kleine bewegen sich flink im Wasser. Sie schwimmen hin und her, hin und her. Manch ein großer Fisch bewegt sich langsam und behäbig im Element Wasser. Sie schauen Dich an. Du bist von der Schönheit mancher Fische begeistert. In brillanten Formen und Farben leuchten sie rot, grün, blau, gelb, orange und lila in dem klaren blauen Wasser. Es scheint, als wollten sie Dir sagen: Schau mal, wie schön wir aussehen.

Und sie gefallen Dir gut. Das Unterseeboot sinkt unmerklich tiefer und tiefer. Jetzt bleibt es stehen und es wird ganz ruhig. Du siehst bis zum Grund. Auch hier siehst Du viele Fische, die sich zwischen Steinen, Algen und Seegras verstecken. Immer wieder tauchen neue Fische aus den Steinen hervor, andere kommen herzu und verschwinden. Es ist ein ständiges „Kommen und Gehen", d.h. Auf- und Abtauchen. In dieser Unterwasserwelt ist alles so ruhig. Du spürst, diese Ruhe ist in Dir. Innere und äußere Ruhe spürst Du. Es tut Deinen Augen wohl, diesem Spiel der Fische zuzuschauen. Du siehst Dir alles genau an. Auch Deiner Seele tut es wohl. Du bist völlig gelöst und entspannt. In Dir ist eine große Ruhe.

Und Du verweilst.

# Abenteuerreise in ein sommerliches Weihnachtsland

Du läufst über eine lange, weite Straße. Kein Auto weit und breit. Es ist Sommer. Die Sonne scheint heiß, so daß Du langsam auf der linken Seite in Richtung Flugplatz läufst. Dort hinten vermutest Du Balthasar. Und Du läufst weiter.

Jetzt erkennst Du die großen Terminals vom Flughafen, die Flugzeuge, die aufgetankt und gewartet werden. Du befindest Dich direkt unter der Einflugschneise. Es entsteht ein riesiger Lärm, und Du bleibst wie erstarrt stehen, schaust dabei nach oben. Jetzt siehst Du gerade eine Maschine direkt über Dir, die auf die Landebahn zusteuert. Augen und Mund sind weit geöffnet. Du staunst und bist von dem majestätischen „Vogel" fasziniert. Es ist ein gigantisches Erlebnis, wenngleich es doch ein wenig beängstigend war, so dicht unter einem Flugzeug zu stehen. Das Fahrwerk war schon ausgefahren, das hast Du deutlich gesehen.

Und Du gehst weiter.

Jetzt siehst Du schon Balthasar. Du läufst trotz der Hitze ein wenig schneller. Nach der Begrüßung erzählst Du ihm von Deinem Erlebnis mit dem Flieger. Balthasar kann Dich gut verstehen, denn er bewundert auch die herrlichen majestätischen „Vögel". Du nimmst auf dem Teppich Deinen Sitzplatz ein, und auf geht's ins Abenteuerland.

Wohin die Reise wohl heute geht? Du spürst es ganz genau, Balthasar hat wieder eine glänzende Idee. Bei diesem schönen Wetter hast Du eine besonders gute Sicht. Du erkennst die Menschen, wie sie über die Straßen gehen. Du siehst die fahrenden Autos. Lauter Lärm dringt nach oben. Da erkennst Du ein Freibad, das total überfüllt ist. Ein lebhaftes Treiben findet direkt unter Dir statt. Lachende, schreiende, kreischende, jauchzende, johlende Kinder und Erwachsene hörst Du laut. Du siehst, wie sich jung und alt auf den Wiesen und im Wasser vergnügen. Dabei nimmst Du laute Wassergeräusche wahr und siehst, wie das Wasser hochspritzt. Die Menschen dort unten sind mit sich selbst so stark beschäftigt, daß sie den fliegenden Teppich gar nicht bemerken. Und Du fliegst weiter.

Jetzt siehst Du schöne bunte Quader, die auf einer Säule stehen. Du erkennst, daß sie von allen Seiten mit bunten Farben versehen sind. Diese Würfel sind richtungsweisend und deuten auf etwas Besonderes hin. Du fragst Balthasar, was die Würfel zu bedeuten haben. Balthasar sagt nur: „Hier ist das Abenteuerland, gleich sind wir da." Und schon begibt sich der Teppich in eine scharfe Rechtskurve. Jetzt siehst Du einen riesigen Park und merkst, daß Balthasar einen Landeplatz sucht. Hier scheint es Platzprobleme zu geben, denn zwei riesige Parkplätze sind mit PKWs und Reisebussen zugeparkt. Neben einem großen, kunstvoll gebauten Gebäude mit runden grünen Dächern ist noch gerade Platz zum Landen. Und so geschieht es.

Festen Boden unter den Füßen, lauft Ihr zu einem Kassenhäuschen. Währenddessen erklärt Dir Balthasar, daß Ihr in Oelde seid. Hier in Oelde ist vor einer Woche die Bundesgartenschau eröffnet worden. Am Kassenhäuschen, aber auch im Park, siehst Du die gleichen bunten Figuren, die Du bereits an der Autobahnausfahrt auf dem Würfel entdeckt hast.

Im Park fährst Du mit Balthasar auf einem Floß über den kleinen See. Hier fühlt sich Balthasar nicht so sicher wie in der Luft. Plötzlich kommt das Floß in eine Schieflage und schwankt erheblich nach links und jetzt nach rechts. Balthasar hat dabei schnell, ja zu schnell sein Gewicht verlagert. Er reagierte ein wenig hektisch und spontan, so daß er plötzlich bis zu den Waden im Wasser stand. Hose, Socken und Schuhe wurden naß. Vor lauter Schreck riß Balthasar instinktiv mit der linken Hand seinen Kaftan in die Höhe und das Floß schwankte noch mehr. Im ersten Moment blieb Dir fast der Atem stehen, weil Du Balthasar noch nie so hilflos gesehen hast. Doch jetzt siehst Du, wie Balthasar mit den Beinen im Wasser steht. Du siehst sein verzerrtes Gesicht, wie er fast tanzend sein Gleichgewicht verliert und dabei suchend mit den Armen wedelt. Du lachst schallend los. Vor lauter Lachen kannst Du Dich kaum noch halten und wärst beinahe selbst ins Wasser gefallen. Nun muß auch Balthasar lachen. Gemeinsam erreicht Ihr das andere Ufer. Balthasar ist froh, wieder an Land zu sein.

Und Du gehst weiter.

Die Wege führen an herrlich duftenden Pflanzen, Büschen, hohen Gräsern und Bäumen vorbei. Mitten im Grün stehen vereinzelt wunderschöne Plastiken von verschiedenen Künstlern aus der Region, aber auch aus Afrika. Jetzt gelangst Du an einen Gemüsegarten. Hier probierst Du frische Kräuter und Schoten, die ganz kleine, zarte und leicht süßliche Erbsen beinhalten. Wie köstlich das schmeckt. Diese zarten Schoten zergehen förmlich auf der Zunge. Spürst Du das?! Wie lieblich sie schmecken. Diesen Geschmack nimmst Du ganz in Dich auf. Und Du gehst weiter.

Hier steht wieder eine große, bunte Figur. Du stellst Dich direkt darunter und siehst, daß sie riesengroß ist. Du bist erstaunt und begeistert. Sie sieht lustig aus und schaut Dich freundlich an. Und Du gehst weiter.

Du gehst an großen Plätzen vorbei. Hier ist auf dem Wasser ein großer Springbrunnen, dessen Wasserstrahlen im Wechselspiel tanzen. Überall im Park befinden sich Stühle, Bänke, Liegen und laden zum Verweilen ein. Und Du tust es!

Dabei richtest Du Deinen Blick auf das Wasserspiel. Die Fontänen schießen hoch und fallen ins Wasser. Es sind kleine und große. Es ist ein herrliches Wechselspiel. Auf und ab. Auf und ab. Gleich wie Dein Atem, auf und ab. Auf und ab.

Aus der Nähe hörst Du entspannende Rhythmen, die von einer Band gespielt werden. Diese Klänge dringen sanft über das Wasser in Dein Ohr. Es ist wie im Märchen. Du spürst eine große Ruhe in Dir. Du bist in Dir. Ganz in Dir. Du befindest Dich im Einklang mit Dir selbst. Ruhe und Gelassenheit durchströmen Dich. Deine Seele atmet. Es atmet Dich. Und Du verweilst.

*Fortsetzung:*
Und Du gehst weiter.

Immer wieder begegnen Dir lustige Hinweisschilder, aber auch die lustigen Figuren. Hin und wieder stehen gleich mehrere Figuren und lachen Dich an. Es ist, als winken sie Dir mit ihren ausgebreiteten Armen zu. Jetzt hörst Du Trompeten- und Posaunenklänge aus der Ferne. Und Du siehst in einer Arena einen riesigen Posaunenchor. Balthasar erklärt, daß sich hier Menschen, die ein solches Blasinstrument beherrschen, treffen, um miteinander zu spielen. Ihre Musikstücke klingen hier gewaltig. Und Du gehst weiter.

Hier endet gerade ein Gottesdienst, aus dem Dir die Menschen entgegenströmen. Hier befindet sich eine afrikanische Kunstausstellung. Du schaust Dir alles genau an. Es sind große schwarze Köpfe aus Holz, wunderschön geformt, auf Sockeln ruhend, die den Wegrand rund um einen Pavillon säumen. Im hinteren Bereich stehen verschiedene Lebensboxen, aus Holz gebaut, so daß jede Box zu einem Lebensthema einlädt. Du gehst in die Box der Hoffnung. In dieser Holzhütte ist es ganz ruhig. Die anderen Menschen hier sind schweigsam. An den Wänden und an der Decke befinden sich Bilder und Mobiles. Du schaust Dir alles genau an. Ein großes buntes Bild hängt allein mittig an der Wand. Du kannst Dich diesem Eindruck nicht entziehen. Hier siehst Du Jesus und seine Jünger, wie sie durch ein Kornfeld schreiten. Alle Personen sind ganz dunkel gemalt. Sie sehen fast wie Afrikaner aus. So etwas hat Dein Auge noch nie gesehen. Du bleibst wie gebannt davor stehen. Von diesem Bild geht Ruhe und Frieden aus. Du wirst ganz ruhig. Ruhe und Frieden ziehen in Dein Herz ein. Es tut Dir wohl. Und Du verweilst.

*Fortsetzung:*
Du gehst weiter.

Es geht durch verschieden angelegte Gärten. Alle und einzigartig, interessant, vielseitig und teilweise bunt blühend gestaltet. Immer wieder triffst Du auf musizierende junge Menschen, die ihr musikalisches Können zum Besten geben. Hier spielt andächtig ein junges Mädchen auf der Harfe, dort spielt eine Gruppe von Jungen und Mädchen auf ihren Gitarren.

Und Du gehst weiter.

Du siehst allerhand erstaunliche Dinge. Hier findest Du die unterschiedlichsten Steine in Verbindung mit Metall vor. Du läufst abwechselnd über Stein und Metall und bist von dieser Form- und Farbkomposition beeindruckt. Immer im Wechsel, Stein und Metall. Stein und Metall. Und Du gehst weiter.

Du beschreitest einen kleinen, begrünten Durchgang. Jetzt stehst Du plötzlich in einem Tannenwald. Vor lauter Begeisterung bleibst Du wie erstarrt stehen. Du glaubst, Deinen Augen nicht zu trauen. Du schaust geradeaus, Du schaust nach links, Du schaust nach rechts. Soweit Dein Auge reicht, überall kleine und große Edeltannen, geschmückt mit herrlich großen und glänzenden Weihnachtskugeln. Es sind Kugeln in kräftigem Blau, Rot, Gold, Silber, die im Licht der Sonne glänzen. Hier bist Du in einer anderen Welt. Vor Staunen steht Dir der Mund offen. Du kannst es gar nicht fassen. Jetzt nehmen Deine Ohren auch Musik wahr. Du hörst es jetzt ganz deutlich. Es sind Weihnachtsklänge. Ja, eine Gruppe von Mädchen spielt Weihnachtslieder auf der Flöte. Du bleibst vor der Gruppe stehen. Und Du verweilst.

*Fortsetzung:*
Und Du gehst weiter, auf schmalen Pfaden durch die Tannenlichtung.

Hinter der nächsten Tannengruppe hörst Du plötzlich andere Weihnachtslieder. Es klingt wie im Märchen. Jetzt siehst Du eine Gruppe von jungen Mädchen stehen, die ein Weihnachtslied mehrstimmig singen. Es klingt wunderschön. Du bist berührt von diesen Eindrücken.

Und Du verweilst.

An jedem Ort, zu jeder Zeit ist es möglich, dieses Erlebnis, diese Eindrücke vereinzelt oder auch gebündelt aus Deiner inneren Schatzkiste hervorzuholen. Sie erquicken Deine Seele, bringen Ruhe und Entspannung in Deinen Alltag.

# Abenteuerreise nach dem Geheimnis des Bumerangs

Du begibst Dich auf einen langen Weg zum Flugplatz. Über einen ausgetretenen Wanderweg läufst Du, immer der Nase nach. Jetzt siehst Du Balthasar, der schon auf Dich wartet. Nach der Begrüßung setzt der Teppich sich in Bewegung. Balthasar sagt: „Heute wird es ein langer Flug." Du bist gespannt und voller Erwartung. Ihr fliegt über kleine und große Städte, flache und tiefe Seen, überquert Flüsse, ja sogar Meere, Gebirge, dichtbewachsene Wälder, tiefe Täler und gewaltige Schluchten. Es ist immer wieder ein Auf und Ab. Dabei siehst Du Bergziegen im Schnee, Bergblumen wunderschön blau und weiß blühend, auch Kühe, Schafherden mit ihrem Schäfer und den Hunden. Mal ist es hier oben warm, mal ist es kalt. Die Lufttemperaturen wechseln ständig. Bei den sonnigen Ländern, die Du überfliegst, spürst Du deutlich die Wärme hier oben. Das ist jedesmal angenehm, wenn Du ein wenig gefroren hast. Weil die Fahrt so lange dauert, verrät Dir Balthasar, wohin die Reise heute geht. Als Reiseziel ist Australien eingegeben. Du bist sehr erfreut, denn über dieses Land hast Du bereits in der Schule gehört. Die Lehrerin hat Dir von den Känguruhs und der Auster, die sich in der Stadt Sydney befindet, einiges erzählt. Balthasar sagt, daß Ihr ein Museum aufsuchen werdet. Dort gibt es viel zu sehen, was Dich interessieren wird. Du bist absolut gespannt und freudig erregt. Jetzt spürst Du, wie der Teppich eine Schleife nach rechts fliegt und schon entdeckst Du von weitem die Auster. Du siehst, wie sich dieser Prachtbau im Licht von Sonne und Wasser spiegelt. Jetzt befindest Du Dich direkt oberhalb dieses Gebäudes und bist von seiner architektonischen Schönheit und seiner gigantischen Größe überwältigt. Welch eine Anmut. Direkt unter Dir, in Sydney, sucht Balthasar einen Landeplatz. Vor einem großen Gebäude bringt Balthasar den Teppich zur Landung. Du erkennst, daß es sich um ein Museum handelt. Balthasar schmunzelt, weil er weiß: Dir wird diese Ausstellung gefallen. Nach dem Eingangsbereich durchschreitest Du ein riesiges Portal. Jetzt stellst Du fest, daß hier eine Bumerangausstellung zu sehen ist. Du bist ganz außer Dir vor Freude. Das hast Du Dir schon immer gewünscht, eine Ausstellung nur mit Bumerangs zu sehen. Du liebst diese Flugobjekte sehr. Auch Balthasars Augen leuchten vor Begeisterung. Balthasar kennt sich mit dem Werfen von Bumerangs aus, denn er besitzt etliche davon. So berichtet Balthasar zunächst kurz von der Entstehungsgeschichte des Bumerangs: Der älteste Fund eines Bumerangs läßt auf ein Alter von 11000 bis 15000 Jahren schließen. Ursprünglich kommt der Bumerang aus Australien und läßt sich begrifflich von zwei Bezeichnungen herleiten, „burramanga" oder auch „boomori", welche beide Wind und Wurfholz bedeuten. Früher wurden sie als Jagdwaffen für Kleintiere, als Grabbeigabe, als Zaubermittel, als Kult- und Zeremoniegerät u.v.m., heute als Spiel- und Sportgerät u.a. auch für Wettkämpfe verwendet. Hier siehst Du in einer Glasvitrine den ersten Bumerang, den Captain Cook mit nach Europa brachte. Du bewunderst all die schönen, teilweise veredelten Wurfgeschosse. Du siehst Dir alles genau an und lauscht aufmerksam Balthasars Ausführungen. Am meisten interessieren Dich die Formen des wiederkehrenden Wurfgerätes. Du verstehst, ein Bumerang ist ein Wurfgerät, aber auch eine Art Kreisel, so daß Kreiselgesetze wie auch aerodynamische Gesetze eine Rolle spielen und durch den Wurf den Gesetzen der Ballistik (das ist die Lehre von der Bewegung geschleuderter oder geschossener Körper) zugeordnet werden können. Durch den Wurf entstehen Kräfte des Luftwiderstandes, die durch den Auftrieb erzeugt werden. Es kommt dabei auf die Oberflächengestaltung an.

Um den Auftrieb zu verstehen: Die wichtigste Kraft für den Flug des Bumerangs ist die Saugkraft, Sog, Unterdruck, Auftrieb. Die Flugbahnkurve wird bestimmt durch: Anfangsgeschwindigkeit, Abgangsrichtung, Erdanziehung und Luftwiderstand. Du spürst, wie langsam Deine Aufnahmekapazität nachläßt, weil Du müde wirst. Aber irgendwie bist Du aufgekratzt, weil es Dein Lieblingsthema ist.

Du verweilst und schaust Dir alles genau an.

Du siehst Fluggeräte für Rechts- und Linkshänder, aber auch für beide Hände konstruierte. Manche Vorderkanten sind abgeflacht bis scharf, teilweise mit Gewichten versehen, meist aus Birken- oder Buchensperrholz in unterschiedlichen Schichten und Materialstärken. Einige waren aus Makrolon, das ist ein unzerbrechliches Plexiglas. Zum Ende der Ausstellung siehst Du Bauanleitungen zum Nachbauen. Jetzt spürst Du eine starke Müdigkeit und suchst eine Bank zum Ausruhen. Und Du tust es!

Erschöpft läßt Du den Kopf nach unten hängen, läßt Deine Arme an den Oberschenkeln vorbei nach unten, wie in einer Kutscherhaltung, hängen. Dein Atem geht langsam und schwer. Ein und aus. Ein und aus. Die Menschen um Dich herum nimmst Du überhaupt nicht mehr wahr. Du spürst eine große Ruhe in Dir. Vor Deinem inneren Auge siehst Du all die schönen Bumerangs und träumst davon, wie Du Dir selbst einen baust. Und Du verweilst.

Auch Du kannst die schönsten Bumerangs nachbauen. Jetzt hörst Du Balthasar noch etwas Wichtiges sagen: Wenn Du einen Bumerang wirfst, mußt Du geduldig an dem Ort stehen bleiben, bis das Fluggerät seine Energie verbraucht hat und Du es wieder auffangen kannst. Nur so kannst Du Verletzungen vermeiden.

Ebenso ist es mit der Liebe zu anderen Menschen. Wenn Du einem anderen Menschen Deine Liebe zeigst, so wirfst Du sie ihm entgegen. Er spürt das und erwidert diese Liebe. Es ist das gleiche Prinzip wie beim Bumerang. Das ist das Geheimnis vom Bumerang und das Geheimnis der Liebe.

# Abenteuerreise nach dem Geheimnis der Liebe – gleicht einem Bumerang

**D**u gehst einen langen, ansteigenden und ausgetretenen Pfad entlang. Immer weiter den Berg hinauf. Dieser Berg ist mit Sträuchern, Büschen und kleinen Bäumen bewachsen. Zwischen dem hohen Gras siehst Du bunte Sommerblumen wild wachsen. Besonders intensiv siehst Du den Mohn in seinem leuchtenden Rot. Auch die Kornblumen in ihrem kräftigen Königsblau nimmst Du wahr. Alles sieht so natürlich aus, wie unberührte Natur. Die Farben, aber auch die Düfte der Sträucher und Pflanzen nimmst Du stark in Dich auf. Es riecht herrlich süß. Du saugst diese Düfte förmlich durch die Nase ein. Es ist, als will die Natur Deine Sinne verzaubern. Es tut Dir wohl. Und Du gehst weiter.

Auf der Höhe des Berges siehst Du Balthasar, ruhend auf seinem Teppich sitzen. Das Wiedersehen ist wie immer herzlich, denn Ihr seid gute Freunde geworden. Ja, Freundschaft verbindet. Du spürst es deutlich in Dir, Freundschaft weckt positive Gefühle, Glücksgefühle. Du merkst, der andere ist Dir wichtig. Du schenkst ihm Deine Zuneigung, ein Stück Deiner Liebe. Liebe ist das Kostbarste, was Du einem anderen Menschen schenken kannst. Echte und wahre Liebe gibt dem anderen, was er braucht. Und Du gibst.

Mit Deiner Liebe, Zuneigung und Freundschaft beschenkst Du den anderen. Menschen, die Dir wichtig sind, wirst Du gern damit beschenken.

Und Du tust es!

Damit beschenkst Du Dich automatisch selbst. D.h., Du wirst selbst glücklich, wenn Du einen anderen Menschen mit Deiner Zuneigung beschenkst. Und wenn dieser, was ja auch meistens passiert, diese Liebe und Zuneigung erwidert, so fühlst Du das Glück in Dir. Du bist auch in der Lage, andere Menschen zu lieben, ohne die Erwartung zu haben, daß Deine Liebe erwidert werden soll.

Und Balthasar zeigt Dir, daß Du ihm wichtig bist. Er mag Dich und er liebt Dich, so, wie ein Mensch einen guten Freund liebt.

Und Du spürst es. Du spürst es deutlich in Dir.

Es ist, als dreht sich die Welt vor lauter Glück um Dich. Balthasar spürt es auch. Eure Augen leuchten vor Glück. Balthasar sagt: „Liebe ist wie ein Bumerang." Du wirfst ihn zu einem Gegenüber, und er kommt immer wieder zu Dir zurück. Das ist Liebe!

Du schaust Balthasar ein wenig fragend an, weil Du es nicht so ganz verstanden hast. Er erklärt Dir dieses Geheimnis. Denn Liebe ist ein Geheimnis. Indem Du den Bumerang wegwirfst, wirbelt er durch die Luftschichten hindurch. Durch die Kräfte des Luftwiderstandes entstehen, bildlich gesprochen, „Luftwirbel", die den anderen berühren. Meistens entstehen diese „Luftwirbel" der Liebe im Kontakt mit Menschen, die Du magst, wie von selbst. Das ist das Geheimnis der Liebe. Balthasar hat in der Schatzkiste einen wunderschönen Bumerang. Er wirft dieses edle Stück mit einem kräftigen Schwung „hinaus in die Welt". Er wirbelt und wirbelt durch die Lüfte. Du siehst, wie er eine Schleife fliegt und wieder zurückkommt. Balthasar fängt ihn sicher auf. Du bist begeistert. Jetzt wirfst Du diesen Bumerang so fest Du kannst. Und Du siehst, wie er fliegt und fliegt. Er fliegt zwar nicht so weit wie zuvor, aber Du spürst, es kommt nicht auf die Entfernung an. Er kommt zu Dir zurück und Du fängst ihn auf.

Du bist fasziniert und strahlst über das ganze Gesicht.

Und Du erfährst: Das ist das Geheimnis der Liebe!

# Abenteuerreise zum Scheich

Du läufst über eine große, weite Wiese. Soweit Dein Auge reicht, siehst Du das saftige Grün der Wiese, bedeckt mit einem Meer von Gänseblümchen. Es sieht aus wie im Bilderbuch. Du läufst über Berg und Tal. Auf und ab. Jetzt entdeckst Du Balthasar, sitzend auf seinem Teppich, inmitten der Wiese. Er schaut gerade in Deine Richtung und winkt Dir freundlich zu. Du rufst laut: „Hallo Balthasar!" und läufst ihm freudig entgegen. Ihr begrüßt Euch, wie gute Freunde es tun. Heute spürst Du, daß auch Balthasar leicht aufgeregt ist. Du sprichst ihn daraufhin an. Er sagt nur: „Überraschung, Überraschung". Und schon geht die Reise los.

Der Flug führt über viele Städte, über die Alpen, über fremde Länder und Meere. Jetzt siehst Du es ganz genau: Da unten ist das Land der Sonne. Der Teppich fliegt tiefer und tiefer. Du entdeckst die edelsten Prachtbauten. So etwas hat Dein Auge bisher noch nicht gesehen. Dort ist ein riesiger Palast. Und Balthasar setzt zur Landung an.

Du glaubst es kaum. Diese goldverzierten Kuppeln, davor ein gewaltiger Springbrunnen, umsäumt mit feuerroten Lilien. Der Teppich landet sanft auf dem Kiesparkplatz.

Schon kommt ein elegant in Weiß gekleideter Herr aus dem Palast geeilt, um zu fragen, wer ihr seid. Die beiden Herren begrüßen sich freundlich, aber distanziert. Und schon eilt der Hausangestellte zum Eingangsportal zurück, um den Scheich zu holen. Du schaust Dir hier den Garten und auch die Autos genau an. Es ist sehr heiß.

In diesem Augenblick kommt der Scheich laut freudig rufend aus dem Palast geeilt. Ihm folgen einige Frauen. Die Begrüßung ist ein lautes und herzliches Spektakel. Du spürst, diese Männer sind gute Freunde. Und so ist es.

Ihr werdet in den Palast geleitet. Die Frauen folgen Euch. Hier ist es angenehm kühl. Wie wohl das tut. Es riecht nach köstlichen, exotischen Düften. Du spürst, wie Deine Sinne betört und gleichzeitig belebt werden. Dieser Vorraum ist ein Ort der Reinigung. Hier kannst Du Dich als Gast erfrischen.

Und Du tust es!

Dieser Raum ist mit riesigen Waschtischen ausgestattet, deren goldene Wasserhähne im Spiegel blinken. Wände und Böden sind in weißem Marmor und lapisfarbigem Granit ausgestattet.

Du genießt diesen Anblick.

Du läßt das kühle Wasser über Deine Hände und Arme laufen und wäscht Dein Gesicht. Hier kannst Du Deine Sinne mit den verschiedensten Erfrischungswassern anregen. Du riechst an allen Düften. Du kannst Dich gar nicht entscheiden. Nach etlichen Riechproben entschließt Du Dich, das grüne Fläschchen zu benutzen. Es duftet erfrischend köstlich nach Minze, Zimt und Melone. Welch ein phantastischer Genuß! Dir ist behaglich zumute und Du fühlst Dich beschenkt.

Jetzt durchschreitest Du einen großen Wohnraum, wo schon der Scheich und Balthasar auf Dich warten. Du wirst der restlichen Familie vorgestellt. Alle sehen so vornehm aus. Du staunst!

Gerade wäre Dir beinahe das Herz stehengeblieben. Dir wurde Sheila vorgestellt. Abwechselnd wurde Dir heiß und kalt. Solche Augen hast Du noch nie gesehen. Ihre himmelblauen Augen funkeln Dich wie zwei Sterne an. Und dieses hübsche Gesicht, wie eine Märchenprinzessin. Ihr Lächeln verzaubert Dich. Sheila und ihre Geschwister bemerken, daß Du Feuer gefangen hast. Sie amüsieren sich über Dich. Du selbst bemerkst es gar nicht. Die Vorstellungsrunde ist noch nicht beendet und nimmt ihren Lauf. Du versuchst, nach Deiner Prinzessin zu schauen. Sie ist jedoch Deinem Blick entschwunden. Das macht Dich ein wenig traurig.

Du informierst Balthasar, weil Du von der langen Reise müde geworden bist und betrittst ein Gästezimmer. Es ist angenehm kühl. Hier ist ein Ort der Ruhe. Die Stille brauchst Du jetzt. Du glaubst, daß es vielleicht schön wäre, in diesem Märchenpalast zu leben. Doch nach einiger Zeit der Überlegung spürst Du ein wenig Heimweh. Die Kühle tut Deinem Kopf gut. Dein Kopf ist jetzt hell und klar. Du weißt, Du wirst wieder in Dein Land zurückfliegen, dort Deine Schule beenden und eine Ausbildung absolvieren.

Und Du weißt in Deinem Innern: Ja, das ist mein Weg. Du spürst, wie Du müde geworden bist. Du fühlst Dich völlig erschöpft. „Diese Flugzeuge im Bauch". Nun hast Du wieder Ordnung in Deinen Gedanken. Du legst Dich auf die mit rotem Purpur bezogene Liege. Von diesem Platz aus schaust Du zwischen zwei Marmorsäulen direkt auf das Meer. Du siehst das herrlich blaue Wasser, Du schaust in den azurblauen, wolkenlosen Himmel. Ein Blau geht in das andere über. Kein Mensch ist zu sehen, nur Du und die Elemente der Natur. Welch eine einmalige stimmungsvolle Schönheit. Das Meer kannst Du nur dadurch erkennen, weil leichte sanfte Wellen das Wasser bewegen. Die Farben verschmelzen ineinander. Und Du verschmilzt mit ihnen.

Du verweilst!

# Abenteuerreise in den Süden

Du läufst über eine große Wiese. Sie ist holperig, denn hier grasen etliche Kühe. Sie schauen Dich an und wundern sich, daß Du sie nicht zum Gatter treibst. Um einige Kühe mußt Du sogar herumgehen, weil diese stur stehen bleiben. Die Wiese führt leicht bergan. Jetzt erkennst Du Balthasar, der auf Dich wartet. Du läufst ihm gutgelaunt entgegen. Nach der Begrüßung gibt Balthasar das Reiseziel ein. Der Teppich hebt sanft ab, und der Flug beginnt. Der Reiseweg führt über hohe Berge, weite Täler, Flüsse und Seen. Die Alpen sind zum Teil überflogen. Hier ist es ein wenig kühl und Du holst Dir eine Decke aus der Schatzkiste. Du legst sie Dir um die Schultern. Es ist jetzt angenehm warm. Die kühle Luft tut Deinem Kopf wohl. Du fühlst Dich frisch und bist gespannt, wohin die Reise heute geht. Balthasar zeigt mit dem Finger nach unten und sagt: „Dort beginnt die Schweizer Grenze." Weil hier die Berge sehr hoch sind, fliegt Balthasar den Teppich über die Wolkendecke. Hier scheint in aller Pracht die güldene Sonne. Du fliegst, bildlich gesprochen, der Sonne entgegen.

Balthasar kennt Dich gut und weiß, was Du Dir schon immer einmal gewünscht hast. Nur Du weißt noch nichts von deinem Glück. Jetzt überfliegst Du eine weitere Grenze. Hier beginnt Norditalien. Balthasar steuert den Teppich weit nach unten. Du erkennst die fahrenden Autos, Rennradfahrer in sportlichem Dress und Helm, einen Motorrollerfahrer, der am Straßenrand hält und telefoniert, Urlauber, die durch das kleine Örtchen schlendern. Links der Straße siehst Du Badegäste am Lago Maggiore. Du staunst über die üppige Vegetation. Entlang der Straße siehst Du blühenden Oleander in strahlendem Weiß und Rosa. Riesige Kakteen wachsen am Wegesrand wie auch in unterschiedlichen Höhen des Berges. Es ist wie im Traumland. Balthasar erklärt, daß hier ein mediterranes Klima herrscht, so daß die Pflanzen herrlich und üppig wachsen können. Jetzt siehst Du ein Ortsschild mit dem Namen „Cannobio", und schon fliegt Balthasar den Teppich leicht rechts drehend etwas höher in Richtung Berg. Du siehst unterhalb ein kleines malerisches Örtchen, mit einem Marktplatz entlang des Lagos. Kleine verwinkelte Einkaufsstraßen, die mit dem Auto kaum befahrbar sind, eine große Kirche inmitten des Ortes. Hier herrscht Bewegung bzw. Leben. Du fliegst höher und höher. Du siehst jetzt, wie sich die Straße in Serpentinen den Berg hoch schlängelt. Mitten im üppigen Grün stehen vereinzelt am Hang des Berges ganz kleine und etwas größere Einfamilienhäuser. Balthasar berichtet, daß er schon einige Male hier war und auch einige Menschen kennt, die hier leben. Du findest, es sieht hier richtig romantisch und großartig aus. Oberhalb des Berges entdeckst Du eine große Kirche. Du staunst über die Größe der Kirche. Jetzt setzt der Teppich zur Landung an. Du siehst riesige Obstplantagen. Balthasar will Dir eine Freude bereiten und führt Dich zu einer Kirschplantage. Du bleibst staunend stehen. Soweit Dein Auge reicht, überall Kirschbäume; übervoll mit prallen, knackigen, dunkelroten Kirschen. Schon bei diesem herrlichen Anblick läuft Dir das Wasser im Munde zusammen. Du freust Dich riesig, denn Kirschen bekommst Du zu Hause selten. Balthasar kann sich gut daran erinnern, daß Du einmal gesagt hast, Dein Wunsch wäre es, sich an Kirschen einmal richtig satt zu essen.

Und Du tust es!

Du genießt jede einzelne volle Frucht. Es ist ein köstliches Erlebnis! Dieses leuchtend violette Rot tut Deiner Seele wohl. Der süße Saft der Kirschen belebt Deine Sinne. Du fühlst Dich wie im Paradies. Welch eine Pracht, welch ein Genuß, diese dicken Paradiestropfen.

Du fühlst Dich zum Platzen, so viel hast Du gegessen. Du spürst, wie Dir jetzt vom Laufen und Stehen die Beine schwer werden. Du suchst einen Platz zum Ausruhen.

Und Du findest ihn.

Mitten zwischen den Bäumen stehen einige Klapphocker, die den Erntearbeitern gehören.

Du setzt Dich und verweilst.

Es tut Dir wohl, im Schatten der Baumkrone ausspannen zu können. Du genießt die Ruhe. Du spürst eine große Ruhe in Dir. Frieden hüllt Dich ein. Du spürst, wie Deine Arme schwer werden. Deine Beine werden schwer. Du hörst die Stille. Die Stille ist in Dir. Sie füllt Dich ganz aus. Dir ist angenehm warm. Du fühlst Dich wohl und entspannt. Und Du verweilst!

In Deinen Gedanken knüpfst Du Dir eine Halskette, ein Armband, eine Krone wie auch Ohrringe aus diesen prachtvollen Kirschen. Du fühlst Dich glücklich und beschenkt, im Glanz der untergehenden Sonne. Es ist wie im Traum.

Und Du träumst weiter.

# Abenteuerreise nach Südflorida

Es ist früh am Morgen. Du läufst über eine große, weite Wiese. Ein leichter Nebel hüllt das saftig grüne Gras wie einen Schleier ein. Das Gras ist feucht. Zum Glück hast Du festes, wasserdichtes Schuhwerk an. Du läufst und läufst.

Jetzt erblickst Du Balthasar, der sich gerade zum Morgengebet auf seinem Teppich niederläßt. Automatisch verlangsamst Du Deinen Schritt, weil Du ihn beim Beten nicht stören willst. Du gehst langsamen Schrittes auf den Teppich zu.

Balthasar öffnet gerade die Augen und sieht Dich kommen. Mit einem freudigen „Hallo" und einer Umarmung begrüßt Ihr Euch.

Auf geht's, und der Teppich hebt leise und sanft ab. Du überfliegst viele große und kleine Städte, Wälder, Berge, Seen, Flüsse, ja auch ein riesiges Meer. „Das ist der Atlantische Ozean", sagt Balthasar. Wie vielfältige Blautöne das Wasser hat. Du staunst. Balthasar lenkt den Teppich nach links und verringert die Flughöhe. Unter Dir erkennst Du ein gigantisches Netz an Straßen. So etwas hast Du noch nicht gesehen. In jeder Fahrtrichtung gibt es mehrspurige Fahrbahnen, über die meist große Autos rollen. Dort unten befinden sich 180 km lange Straßen (Highways), die insgesamt 42 Brücken vorweisen. Diese sind mit dem Festland verbunden. Balthasar erklärt, daß Du mitten im Urlaubsparadies von Südflorida bist, und setzt zur Landung an. Auf Anhieb findet er einen Platz zum Landen.

Hier an der Küste von Key West herrscht reges Leben. Unter Sonne und Palmen zeigt sich ein südliches Flair. Key West ist eine Halbinsel. Restaurants, Geschäfte, gigantische Prachtbauten in parkähnlichen Anlagen üben eine faszinierende Wirkung auf Dich aus.

Und Du gehst weiter.

Der Tag neigt sich, und Balthasar führt Dich zu einem Traumstrand. Du bist freudig erregt, denn solch einen traumhaften Strand hast Du in Deinem ganzen Leben noch nie gesehen. So weit Dein Auge reicht, überall feiner, weißer Sand. Hier am Strand stehen unzählige Palmen, die den Badenden Schatten spenden. Die Sonne, ein feuerroter Ball, senkt sich langsam zum Wasser hin.

Du verweilst und fühlst Dich wie verzaubert.

Ruhe, Gelassenheit und Frieden durchströmen Dich. Du sinkst tiefer und tiefer in Dich hinein. Harmonie und Glücksempfindungen sind in Dir. Du spürst es ganz deutlich.

Und Du verweilst.

# Abenteuerreise zu den Surfweltmeisterschaften auf Sylt

Du läufst früh morgens über eine große, weite Wiese. Leichter Frühnebel überdeckt das Gras. Du spürst die Feuchtigkeit in der Luft. Plötzlich kommt wieselschnell etwas von der Seite angesprungen. Es ist ein Hase. Als er Dich erblickt, schlägt er schnell einen Haken und läuft in rasantem Tempo fort. Dort hinten siehst Du einen weiteren Hasen hinzueilen, die dann gemeinsam ihre Flucht fortsetzen. Du magst Hasen sehr, besonders ihre langen Löffel.

Und Du gehst weiter.

Die Hasen eilen Dir voraus. Jetzt siehst Du Balthasar. Er räumt gerade die Schatztruhe auf seinem Teppich auf. Nachdem Ihr Euch zur Begrüßung liebevoll umarmt habt, sagt Balthasar: „So, in unserer Schatzkiste herrscht wieder Ordnung." Balthasar gibt das Reiseziel in den Navigator ein, und schon hebt der Teppich ab.

Hier oben spürst Du, daß die Luft angenehm warm ist. Du fliegst über Dörfer, Städte, Autobahnen und Landstraßen in Richtung Norden. Das weißt Du inzwischen.

Hier siehst Du riesig große Felder, Wiesen, Wälder, Bauernhöfe, Flüsse.

Jetzt überfliegst Du gerade den Elbtunnel. Zahlreiche Autos schlängeln sich durch den Tunnel. Du denkst: Wie schön, daß ich nicht durch den mit Autoabgasen belastenden Tunnel hindurch muß. Hier oben ist die Luft klar und rein.

Und Du fliegst weiter.

Der Teppich schwankt stark auf und ab. Es herrscht hier ein starker Wind. Ein wenig mulmig ist Dir schon. Du hältst Dich an Balthasar fest, der Dich beruhigt. Mit großer Erleichterung siehst Du schon zahlreiche bunte Farbtupfer am Strand, in den Dünen liegen und Du spürst, gleich bist Du am Ziel. Auch auf dem Wasser siehst Du rote, gelbe, blaue, grüne, versetzt mit lila, pink, neon und transparenter Folie gestaltete Segel. Es ist ein gigantischer Anblick, den Du von hier oben hast. Diese kräftig bunten Segel, wie sie auf der tobenden Nordsee tanzen. Deine Augen leuchten vor Begeisterung. Erleichtert atmest Du durch, als Du spürst, Balthasar bringt den Teppich zur Landung. Oh, war das ein Nervenkitzel. Einerseits war es aufregend schön, andererseits waren die kräftigen Schwankungen durch den Wind furchterregend. Du bist froh, wieder festen Boden unter den Füßen zu haben.

Eine große Menschenmenge ist hier am Strand versammelt. Laut redend, gestikulierend mit Armen und Beinen, hörst und siehst Du Menschen, teilweise in Neoprenanzügen. Sie sprechen in verschiedenen Sprachen. Und Du merkst, es handelt sich hier um eine internationale Meisterschaft. Hier wird gerade, wie jedes Jahr um diese Zeit, der Surf World Cup ausgetragen. Diese spektakuläre Veranstaltung hast Du schon öfters im Fernsehen gesehen. Hier sind ausgezeichnete Surfer, weltweit die besten. Es sind wahre Meister auf den Brettern.

Du spürst deutlich die Spannung, Hektik und die Nervosität der Teilnehmer. Diese Spannung liegt förmlich in der Luft, denn die Windverhältnisse sind heute extrem hoch. Aus einem Lautsprecher, der an dem weißen Holzhäuschen befestigt ist, ertönt die Durchsage: „Noch 10 Minuten bis zum Start." Diese Information erklingt in mehreren Sprachen. Jetzt siehst Du auch die Masten mit den verschiedenen Flaggen. Die Windgeräusche sind so stark, daß Du nicht einmal die Bewegung der Fahnen hörst. Lediglich hörst Du, wie die Bänder an die Masten schlagen. Dieses Schlagen durchdringt das „Lied des Windes." Auch die Stimmen der Teilnehmer dringen nur noch bruchstückhaft, als Wortfetzen, an Dein Ohr.

Inzwischen stehen die Teilnehmer mit ihren Surfbrettern startklar im Wasser. Wegen der starken Wellenbewegung haben sie große Probleme, ihre Bretter zu halten. Es ist ein ständiges Hin und Her. Kommt die Welle, so müssen sie mit aller Kraft dagegen halten, zieht sich die Welle zurück, müssen sie sich massiv gegen den Sog stemmen.

Du schaust wie gebannt zu.

Jetzt ertönt in einer gigantischen Lautstärke die Fanfare zum Start. Du bist dabei regelrecht zusammengezuckt. Es fuhr durch Mark und Bein. Und schon nehmen alle Surfer die Fahrt auf. Der Kampf mit den Wellen, unter Nutzung der Naturkraft Wind, beginnt. Dabei jagen sie über das Wasser. Du bist in freudiger Erregung. Überall siehst Du die bunten Segel springen, drehen, sich überschlagen und über das Wasser hinweggleiten. Hin und wieder liegt ein Segel flach tanzend auf der Wasseroberfläche. Es hebt und senkt sich auf und nieder. Dabei beobachtest Du, wie schwer es für den Surfer ist, wieder Halt auf dem Brett zu finden. Er hat große Mühe, das Wasser aus dem Segel zu bekommen. Hat er es geschafft, macht er eine Halfe, und die Fahrt geht weiter. Du schaust ihm lange zu.

Einige Surfer erkennst Du nur noch als kleine Punkte, andere kannst Du durch das ständige Auf und Ab der Wellen nicht mehr sehen. Und Du verweilst.

Du spürst, wie sich jetzt eine große Ruhe und Zufriedenheit in Dir breit macht. Du fühlst Dich wohl und entspannt. Du spürst den Wind auf Deiner Haut, in Deinen Haaren. Es ist angenehm. Du fühlst Dich völlig entspannt. Du fühlst Dich hineingenommen in den Gleichklang der Wellen. Du spürst das Auf und Ab in Dir. Du spürst Deinen Atem. Er geht gleichmäßig auf und ab. Gleich dem Wellenschlag, auf und ab. Es ist, als bleibt die Zeit stehen. Du genießt die völlige Ruhe und Entspannung in Dir.

Und Du verweilst.

Du weißt auch, morgen und übermorgen bist Du wieder hier an diesem Ort.

# Abenteuerreise zum Alpdudler

Du läufst über eine lange, schnurgeradeaus führende Straße. Links und rechts der Straße stehen mächtig hohe und starke Bäume. Die Baumkronen sind üppig grün, so daß sie sich berühren und das Licht der Sonne brechen. Immer wieder dringen Sonnenlichtstrahlen durch die dichten Baumkronen. Lichtkegel leuchten Dir förmlich den Weg. Die Straße führt bergauf und bergab. Jetzt siehst Du Balthasar und läufst ihm freudig entgegen. Nach der Begrüßung tippt Balthasar das Reiseziel ein. Du bist gespannt, wo die Reise heute hinführt.

Der Teppich fliegt über zahlreiche Städte, Flüsse und Seen. Jetzt entdeckst Du die Berge. Der Teppich fliegt immer höher und höher. Du schaust hinunter und siehst zwischen einzelnen Bergkuppen und Hügeln wunderschöne saftige Wiesen. Vereinzelt stehen Berghütten, umgeben von Bäumen. Der Teppich setzt zur Landung an. Und so geschieht es.

Auf einer großen Alm, mitten auf einer großen Wiese, weiden zahlreiche Kühe. Das Spektakel zur Begrüßung ist sehr laut. Die Kühe springen verängstigt auseinander und laufen von dannen, als der Teppich landet. So etwas haben die Kühe noch nicht erlebt. Durch das Gebrüll der Tiere erscheint ein älterer Herr mit einem langen grauen Bart und einem Tirolerhut aus der Hütte. Er winkt freundlich und ruft laut: „Grützi miteinand!" Jetzt weißt Du, daß Du in den schönen Schweizer Bergen bist. Balthasar hat den Alpdudler auf einem Alpdudlerfest im Tessin kennengelernt. Balthasar sagt: „Der Alpdudler Josef ist Landesmeister im Alphornblasen. Hier oben in den Bergen klingt das Alphorn wunderschön."

Josef und Balthasar holen das riesig lange Alphorn aus der Berghütte und stellen es in Richtung Tal auf. Josef bläst kraftvoll in sein Horn.

Und Du hörst es, wie es mehrfach durch die Täler schallt. Welch ein Erlebnis!

Es klingt gigantisch laut und wird durch das Echo wiederholt. Du genießt den Klang und das Nachhallen sehr. So etwas hast Du noch nicht erlebt.

Du sitzt im Gras und verweilst.

Die Laute kommen und gehen. Kommen und gehen. Du bist ganz hineingenommen in die Klänge des Alphorns. Du hörst, wie die Töne durch die Lüfte hallen, ganz nah und ganz fern. Es ist, als reden sie miteinander. Es klingt wie Frage und Antwort. Frage und Antwort.

Und Du verweilst.

Du bist ganz ruhig und entspannt. Ruhe und Gelassenheit sind in Dir. Es geschieht wie von selbst. Du fühlst Dich völlig gelöst und entspannt. Du bist ganz in Dir! Du bist Dir selbst so nah. Und Du verweilst.

*Fortsetzung:*
Du erkundest mit Balthasar die traumhaft schöne Bergwelt. Alles sieht so idyllisch und friedlich aus. Du läufst über Berg und Tal. Bergauf und bergab. Oberhalb entdeckst Du die schneebedeckten Berggipfel. Jetzt siehst Du plötzlich zwei Gemsen, wie sie nach unten schauen. Und Du läufst weiter.

Langsam spürst Du, daß vom langen Wandern Deine Beine schwer werden. Du läufst nach links zu einem kleinen Wäldchen, das den Bergkamm säumt. Du fühlst Dich sehr müde und suchst Dir ein schattiges Plätzchen zwischen den Bäumen, um auszuruhen. Und Du tust es!

Du liegst im weichen, warmen Gras, inmitten einer Grasmulde. Um Dich herum siehst Du wunderschöne bunte Bergblumen. Du nimmst die Düfte der Blumen und der Gräser ganz in Dich auf. Du atmest tief ein und aus. Wie wohl das tut. Diese Ruhe ist so angenehm. Du fühlst Dich völlig gelöst und entspannt. Ruhe und Frieden sind in Dir. Und Du verweilst.

Jetzt spürst Du an Deiner linken Hand, wie sich das Gras sanft bewegt. Du schaust hin. Jetzt bewegt sich wieder das Gras. Du schaust genau hin. Du entdeckst, daß sich etwas Dunkles bewegt. Es sieht aus wie ein pelziger Wurm. Er zappelt, jetzt kommt etwas aus dieser Hülle heraus. Du traust Deinen Augen kaum. Du erkennst es ganz deutlich. Aus diesem Kokon entspringt ein wunderschöner Schmetterling. Er sieht so anmutend zart und samtig aus. So nah warst Du einem Schmetterling noch nie. Du fühlst Dich von seiner Schönheit inspiriert und verzaubert. Und Du verweilst.

Der Schmetterling schlägt zunächst noch zaghaft, jetzt stärker und stärker mit seinen Flügeln, und schon fliegt er in ein neues Abenteuer.

Du schaust ihm noch eine Weile hinterher.

# Abenteuerreise zur Dachterrasse auf dem „International Place"

Du läufst über eine geradeaus führende Straße. Sie führt leicht bergauf. Oberhalb angekommen, siehst Du Balthasar, der schon auf Dich wartet. Die Begrüßung ist herzlich und freundschaftlich. Du nimmst auf dem Teppich Platz, und auf geht's.

Die Reise führt über zahlreiche Städte, Flüsse und Seen. Dabei durchfliegst Du mehrere Wetterphasen. Mal ist es trocken und warm, mal kühl und naß. Aber es ist nicht schlimm, denn wenn die Kleidung feucht wird, ist sie durch den Wind wieder schnell trocken. Heute dauert der Flug besonders lang. Immer wieder siehst Du andere Städte, wie sie unterschiedlich angelegt und gebaut sind. Jetzt überfliegst Du ein riesiges Meer. Die Sonne spiegelt sich wundervoll auf dem Wasser und wirft ihre Strahlen zurück. Es ist, als wollten sie sagen: „Willkommen im Land der unbegrenzten Möglichkeiten". Das Wasser glitzert silbern. Es sieht geheimnisvoll aus. Und Du fliegst weiter.

Von ferne siehst Du das Festland. Du überfliegst gerade einen großen Hafen. Unter Dir befinden sich große Luxusliner. Solch große Schiffe hast Du noch nie gesehen. Du zählst sie alle, es sind 20 wunderschöne Schiffe. Balthasar erklärt, daß es weltweit der größte Kreuzfahrthafen ist. Von hier werden jährlich 3 Millionen Passagiere abgefertigt.

Jetzt erkennst Du zahlreiche Bauten aus Glas und Beton. Du glaubst, daß es Hochhäuser sind. Und so ist es.

Riesige, gewaltige Häuser ragen fast in den Himmel hinein. Ein schwarz glänzendes Gebäude fällt Dir besonders auf. Es ist das „Omni Hotel" mit seinen 20 Stockwerken. Auch ein hochragender Büroturm mit 47 Etagen fasziniert Dich vollkommen.

Balthasar sagt: „Hier ist Miami in Florida. Dieses Gebäude ist das ‚International Place'." Weit unten siehst Du, wie kleine Punkte, die Autos fahren. Hier oben auf dem Dach, setzt der Teppich sanft zur Landung auf. Es ist eine sehr große Dachterrasse, bewachsen mit Palmen und blühenden Büschen. Sanfter Wind bewegt die Palmwedel. Überall befinden sich weiße Liegestühle und Tische unter weißen Sonnenschirmen. Dieses Farbenspiel von tiefem Grün, dem Weiß, wie auch die gelben und roten

Blüten der Büsche, sind eine Wohltat für die Augen und für die Seele. Du schaust Dir alles genau an.

Von dem langen Flug und den außergewöhnlichen und faszinierenden Eindrücken hier bist Du ein wenig müde geworden. Du fühlst Dich wohl und liegst entspannt in dem Liegestuhl. Du schließt die Augen und läßt all die Eindrücke wie in einem Film an Dir vorüberziehen. Es ist wie im Traum.

Du bist völlig entspannt. Ruhe und Gelassenheit sind in Dir. Du spürst, wie Deine Arme schwer werden. Du spürst, wie Deine Beine schwer werden. Du spürst Deinen Atem. Er geht ein und aus, ein und aus, so wie sich leicht die Palmwedel im seichten Wind hin und her bewegen. Es ist der gleiche Rhythmus. Hin und her. Es ist ein Rhythmus des Gleichklangs. Die Schwingungen der musikalischen Rhythmen begleiten Dich dabei. Und Du träumst weiter.

# Abenteuerreise ins Land der Winddrachen

Du läufst den schmalen Pfad entlang, der sich am Bach entlangschlängelt. Der Boden ist hart, staubig und steinig. Entlang des Pfades siehst Du Wald- und Wiesenblumen zwischen dem trockenen Gras. Hinter einer Baumgruppe siehst Du Balthasar, der Dir bereits zuwinkt. Er hat Dich schon von weitem gesehen, weil er den fliegenden Teppich auf einem kleinen Hügel zur Landung gebracht hat. Es ist hier der einzige Hügel weit und breit. Nach der herzlichen Begrüßung geht es los. Der Teppich hebt ab und fliegt in nördlicher Richtung. Du fliegst über Berg und Tal, über Städte und Dörfer, über Wiesen und Felder, über Flüsse und Seen. Die Sicht ist klar, Du schaust Dir alles genau an. Du genießt bereits den Flug. Es macht Dir großen Spaß. Balthasar ist inzwischen Dein bester Freund geworden. Jetzt überfliegst Du eine Zollstation. Die Zöllner winken Dir freundlich zu. Hier ist es windig. Das spürst Du ganz deutlich. Du fliegst über riesig große Grünflächen, weite Täler und große Seen. Jetzt erkennst Du, daß die Häuser unter Dir ganz anders aussehen. Die Häuser sind hier teilweise aus Stein und Holz oder ganz aus Holz gebaut. Du siehst eine Frau in ihrem Garten, wie sie die Wäsche aufhängt. Sie hängt gerade weiße Bettlaken auf, die im Wind hin und her flattern. Du glaubst, der Wind würde sie am liebsten mit seiner Kraft forttragen. Der Teppich fliegt jetzt tiefer. Die Frau mit ihrem hellblauen Kleid und der weißen Schürze erschrickt, als sie den Teppich entdeckt. Aber jetzt entspannt sich ihr Gesicht, sie lacht erleichtert auf. Vor lauter Begeisterung nimmt sie spontan ein Bettlaken aus ihrem Wäschekorb und winkt Dir zu. Du freust Dich, winkst zurück und rufst laut: „Hallo." Die Frau ruft Dir in ihrer Landessprache einen Gruß zu.

Balthasar sucht nun einen Landeplatz. Er erklärt Dir, daß hier in dem kleinen Städtchen die diesjährigen Drachenmeisterschaften stattfinden. Die Landung vollzieht sich direkt auf einem Parkplatz, neben dem Kassenhäuschen. Balthasar entnimmt aus der Schatztruhe einige Drachen, die noch zerlegt sind. Nach der Anmeldung zur Teilnahme am Wettkampf begibst Du Dich zum Bauplatz. Hier sind etliche Teilnehmer mit dem Zusammensetzen ihrer Drachen beschäftigt. Du entdeckst die ausgefallensten Formen in bunt schillernden Farben. Welch ein schöner Anblick. Du baust einen riesig großen Drachen zusammen. Die Drachensegel sind leuchtend rot. An den Rändern geht die Farbe in ein Türkisblau über. Mit dem Stecksystem ist er schnell zusammengebaut. Du mußt ihn gut festhalten, denn er würde am liebsten abheben und sich tanzend der Kraft des Windes hingeben. Auch Du kannst es kaum erwarten, bis es losgeht. Leider mußt Du Dich noch eine Weile gedulden, bis der Wettkampf beginnt. Jetzt holst Du Dir noch einen warmen Tee, denn den kannst Du bei dieser leicht kühlen Brise gut gebrauchen. Sitzend genießt Du den warmen Anistee. Du riechst und schmeckst. Jeder Schluck ist ein Genuß. Der Tee wirkt beruhigend, entspannend und wärmt durch. Du fühlst Dich wohl und entspannt. In Gedanken versunken, siehst Du fröhlich Deinen roten, großen Drachen im Wind tanzen. Er steigt dabei höher und höher, tänzelnd im Wind. Auf und ab. Auf und ab. Du spürst Deinen Atem. Auch Dein Brustkorb geht auf und ab. Du spürst es ganz deutlich. Auf und ab. Der Drachen tanzt wie im Gleichklang mit Deinem Atem. Auf und ab, auf und ab. Ruhe und Gelassenheit sind in Dir. Du bist völlig versunken im Tanz und Atemrhythmus des Windes. Es ist, als tänzelt Deine Seele vor Glück im Wind.

Und Du verweilst.

*Fortsetzung:*

Du nimmst den Klang einer Fanfare wahr, die der Wind Dir zuträgt. Du weißt, gleich wird der Start für den Wettkampf erfolgen. Du läufst schnell zu Balthasar, der gerade die Startnummer 113 auf den Drachen klebt. Du streifst Dir das T-Shirt mit der selbigen Startnummer über. Nun nimmst Du mit Balthasar die Startposition ein. Die Fanfare ertönt dreimal hintereinander und auf geht's. Innerhalb weniger Sekunden treiben, tanzen, torkeln die Drachen teilweise in gigantischer Höhe durch die Lüfte. Weit und breit ist der Himmel bunt geschmückt in allen erdenklichen Form- und Farbkompositionen. Es ist ein Genuß für die Sinne. Die Seele lacht vor Vergnügen.

Du spürst ein kräftiges Ziehen in Deinen Armen. Mal ist es mehr links, mal ist es mehr rechts. Es kostet enorme Kraft, den Drachen zu lenken, zu halten und zu fliegen. Nach einer Weile werden Deine Arme schwer und Balthasar übernimmt die Führung des Drachens. Du gönnst Dir eine Pause und Du verweilst. Du bist Dir absolut sicher, bei Balthasar ist der Drachen gut aufgehoben. Du vertraust ihm, denn er ist für Dich der „König der Lüfte".

Du spürst, wie Dein Atem kräftig ein und aus geht. Deine Arme werden schwer. Deine Beine werden schwer. Du spürst eine große Ruhe in Dir. Ruhe und Gelassenheit sind in Dir. Du fühlst Dich wohl und völlig entspannt. Und Du verweilst.

*Fortsetzung:*

Nach zwei Stunden ertönt die Fanfare, und all die noch in der Luft verbleibenden Drachen werden nach und nach zurückgeholt. Durch den Lautsprecher hörst Du, daß sich die Jury und das Veranstaltungskomitee zur Auswertung und Beratung zurückziehen. In etwa dreißig Minuten werden die Sieger bekanntgegeben. Jetzt ertönt aus den Lautsprechern Musik. Du spürst die Müdigkeit in Dir. Jetzt noch 5 Minuten.

Du schaust immer wieder auf Deine Uhr. Die dreißig Minuten sind um, noch immer keine Durchsage. Du wirst schon vor lauter Aufregung leicht ungeduldig und nervös. Jetzt ertönt wieder die Stimme durch den Lautsprecher. Zuerst wird die Startnummer aufgerufen, die den 3. Platz errungen hat. Nun folgt der 2. Platz. Nein, schon wieder ein anderer. Du bist immer noch voller Erwartung. Die Sekunden kommen Dir unendlich lang vor. Jetzt, jetzt hörst Du: „Die Nummer 113 hat den ersten Platz gewonnen. Du traust Deinen Ohren kaum. Du kannst es kaum fassen. Du schaust fragend zu Balthasar. Du weißt nicht, ist es Wirklichkeit oder Traum. Balthasar umarmt Dich voller Begeisterung. Du spürst, es ist doch wahr. Es ist wahr, Du bist die Nummer eins. Stolz nimmst Du bei der Siegerehrung den goldenen Pokal entgegen. Du hältst ihn hoch, ganz hoch, so daß alle Menschen es sehen können. Du bist der Gewinner. Hurra, Hurra.

Du hörst durch den Lautsprecher Deinen Namen und, daß der Drachen mit der Nummer 113 in höchster Höhe die grandiosesten und elegantesten Schleifen, Saltos und Loopings in kreativer und auch in anmutender Weise geflogen habe. Diese Flugkombinationen waren einmalig und brillant schön. Es erfolgt ein donnernder Applaus.

Plötzlich ist große Hektik angesagt. Die Reporter mit ihren Kameras knipsen und knipsen, einige von ihnen befragen Dich. Nach einer halben Stunde ist der Pressezirkus vorüber. Glücklich und erschöpft sinkst Du in Balthasars Arme. Jetzt ist es Zeit zum Ausruhen und Entspannen. Und Du tust es!

Du suchst Dir einen ruhigen Ort, fernab des Trubels. Hier legst Du Dich in die Dünen. Der weiche Sand gibt unter Deinem Körper nach. Wie wohl das tut. Die Geräusche um Dich herum nimmst Du kaum noch wahr. Vor Deinem inneren Auge siehst Du lauter bunte Drachen fliegen. Sie fliegen und fliegen. Hoch und tief, hoch und tief. Sie tragen alle Gedanken der Aufregung und der Anspannung fort. Weit fort. Du hast all diese Gedanken auf Reisen geschickt. Jetzt fühlst Du Dich unbeschwert, leicht, befreit und glücklich. Ruhe macht sich breit. Du spürst eine große Ruhe in Dir. Du bist völlig gelöst und entspannt. Glück und Frieden sind da. Freiheit, grenzenlose Freiheit spürst Du stark in Dir. Du bist beflügelt vor Glück. Du ruhst völlig in Dir, bist im Einklang mit Dir selbst. Und Du verweilst.

# Abenteuerreise zur Heilquelle

Fernab der lauten und unruhigen Stadt beschreitest Du einen Wanderweg. Hier ist es absolut ruhig. Kein Mensch, kein Auto weit und breit. Du läufst und läufst.

Von Ferne siehst Du Balthasar, wie er auf Dich wartet. Du winkst ihm zu und läufst ihm freudig entgegen. Ihr seid gute Freunde. Die Begrüßung ist sehr herzlich. Du nimmst auf dem Teppich Platz, und auf geht's. Du fliegst entlang des Rheins. Unter Dir siehst Du herrliche Weinberge, an denen rote Reben im Licht der Sonne zwischen dem Blattgrün hervorleuchten. An steilen Hängen befinden sich unzählige Weinstöcke. In einem Seitental bringt Balthasar den Teppich, direkt neben einem Wanderweg, zum Landen. Dieser Wanderweg ist 35 km lang und verbindet die Städtchen entlang der Ahr, der ein Nebenfluß des Rheins ist. Zwischen mächtigen Felsen und Weinbergen liegen Auen. Du wanderst von einem Ort zum anderen. Du schaust Dir alles genau an. Du siehst romantische Kirchen, alte schiefe Fachwerkhäuser mit seidigen Schieferdächern. Du spürst ein fast mediterranes Klima, welches durch den Zustrom milder Luft vom Rheintal herrührt. Die Schönheit der Natur und das angenehme Klima bekommen Dir wohl. Und Du läufst weiter.

Jetzt kommst Du in der Quellenstadt Bad Breisig an. Du bist müde und erschöpft vom Wandern. Aber Du willst unbedingt die Römerthermen aufsuchen.

Und Du tust es!

Hier, aus den Tiefen des vulkanischen Gesteins, sprudelt warmes, mineralisches Heilwasser. An diesem Ort besteht die Möglichkeit des Badens. Und Du tust es!

Dieses einzigartige, natürliche Thermalwasser wirkt spürbar belebend auf Deinen Körper. Dieses Wasser besitzt eine heilende Wirkung. Und Du verweilst.

Du genießt diesen Zustand. Dir ist wohlig, angenehm warm. Dein ganzer Körper ist entspannt. Du bist völlig gelöst und entspannt. Du läßt Deine Seele baumeln. Es ist ein Fest der Sinne. Ruhe und Frieden sind in Dir. Die Kräfte des Wassers, der Heilkräuter und der Vulkane tragen zu Deinem Wohlbefinden bei. Und Du verweilst.

# Abenteuerreise nach Island

Du gehst zu Deinem Flugplatz hinter dem großen Feld. Du läufst über den langen Feldweg und siehst schon von weitem Balthasar entspannt auf dem Teppich sitzen. Er erwartet Dich bereits. Dabei schaut er zu Dir herüber, lächelt Dich freundlich an und winkt Dir zu. Du freust Dich schon riesig und bist gespannt, wo die Reise wohl hingeht. Vor lauter Freude und Erwartung hüpfst und springst Du. Ihr begrüßt Euch herzlich. Du nimmst neben Balthasar Platz, nimmst die gleiche entspannte Sitzhaltung ein. Schon hebt der Teppich leise und langsam ab und nimmt seine Fahrt auf. Du fragst: „In welches Abenteuerland fliegen wir denn heute?" Er antwortet Dir: „Laß Dich überraschen, mein Freund." Ihr überfliegt große Städte, Flüsse, Wälder und Meere. Es gefällt Dir immer wieder, wie der Teppich durch die verschiedenen Luftschichten hindurchgleitet und dabei auf und ab schwebt. Du spürst eine große Ruhe und Gelassenheit in Dir. Du bist Dir sicher, daß es Balthasar ebenso ergeht. So spürt Ihr beide ein Gefühl von Glück. Du weißt, Glück ist ein innerer Zustand. Es kommt aus Dir heraus. Du fühlst Dich zufrieden und bist völlig entspannt. Du genießt das Licht der Sonne und fühlst Dich frei, frei wie ein Vogel im Wind. Du spürst Deinen Atem. Du merkst, wie er ein- und ausgeht. Ein und aus. Ein und aus.

*Fortsetzung:*

Du bist gewiß, daß es heute eine lange Reise wird. Während des Fluges siehst Du große und kleine Flugzeuge, die auch ihr Reiseziel ansteuern. Jetzt fliegt gerade ein großer Jet an Euch vorbei. Du siehst an den Fenstern des Fliegers viele freundliche und strahlende Gesichter. Diese Menschen winken Dir zu und Du winkst zurück. Dabei lächelst Du auch. Du schaust auf den Monitor des Navigationssystems und stellst den Verlauf der Flugroute fest. Du glaubst, daß die meisten Reisenden im Flugzeug in den Urlaub fliegen. Und Du weißt, auch diese Menschen freuen sich auf ihr Reiseziel und somit auf ihren Urlaub. Es ist für Dich ein befriedigendes Gefühl, zu wissen, daß der Teppich nicht mit Kerosin fliegen muß, sondern daß er umweltfreundlich ist und die Kräfte der Natur nutzt. Es beruhigt Dich außerordentlich, daß Du als Vielflieger nicht die Umwelt belastest. Zudem kannst Du in jedes Abenteuerland fliegen, unabhängig davon, wie weit ein Reiseziel entfernt liegt. Auch das Starten und Landen ist jederzeit und überall möglich. Das verschafft Dir ein Gefühl von Freiheit, unbegrenzten

Möglichkeiten sowie entspanntes Reisen. Jetzt spürst Du, wie die Luft kühler wird. Du schaust auf den Monitor und erkennst Städtenamen, die Du noch nie in Deinem Leben zuvor gehört und gesehen hast. Die Städtenamen klingen recht lustig. Dabei schaust Du fragend Balthasar an. Er spürt, daß Du ihn irritiert ansiehst, und schmunzelt in seinen Bart hinein. Auch wenn jetzt Minustemperaturen auf dem Monitor sichtbar sind, brauchst Du Dir keine Sorgen zu machen. Du bist Dir sicher, daß Deine Kleidung stets den Außentemperaturen standhält bzw. sich ihnen anpaßt. Trotz allem ist Dir wohlig warm. Du fühlst Dich entspannt. Es geht Dir gut, Du hast alles hinter Dir gelassen. Eine große Gelassenheit ist in Dir. Du spürst, wie Dein rechter Arm schwer wird. Dein rechter Arm ist schwer, ganz schwer. Dein Atem geht ruhig ein und aus. Ganz ruhig ein und aus. Du spürst, wie Dein linker Arm schwer wird. Dein linker Arm ist schwer, ganz schwer. Du fühlst Dich ruhig und entspannt.

Nun spürst Du, wie Dein rechtes Bein schwer wird. Dein rechtes Bein wird schwer, ganz schwer. Jetzt konzentrierst Du Dich auf dein linkes Bein, und es wird schwer. Dein linkes Bein wird schwer, ganz schwer. Du spürst, wie Deine Arme und Beine ganz schwer sind. Dabei fühlst Du Dich ruhig und entspannt. Du genießt die Ruhe und Entspannung. Du fühlst Dich völlig gelöst und entspannt.

*Fortsetzung:*
Auf einmal fängt der Teppich an zu schwanken. Du stellst fest, daß es Luftlöcher sind, in die der Teppich immer wieder absackt. Irritiert schaust Du Balthasar an. Er spürt Deine Unruhe. Er legt sanft seine Hand auf Deine Schulter und sagt: „Das ist nicht schlimm. Du brauchst Dir keine Sorgen zu machen. Es gibt leichte Turbulenzen, weil in der Nähe ein Gewitter ist." Balthasar schaltet den Computer um und zeigt Dir anhand der Wetterkarte, woher das Gewitter kommt. Nun bist Du beruhigt. Es dauert gar nicht lange, und Ihr seid aus der Gefahrenzone. Der Teppich gleitet wieder förmlich durch die Luftschichten. Jetzt ist es leicht dunkel geworden. Da zeigt Balthasar schon mit dem Finger auf das Ziel in der Ferne. Du erkennst bereits einen winzigen schwarzen Punkt. Du bist aufgeregt und ganz gespannt im Hinblick auf das Reiseziel. Jetzt wird der Punkt größer und größer. Du siehst Umrisse der Häuser, die Bäume, Straßen und vieles mehr. Alles erstrahlt und ist eingehüllt in einem glitzernden Weiß. Du spürst, es ist Abend. Die Häuser und Straßen sind hellerleuchtet. Es kommt Dir vor, als wärst Du in einer Zuckerstadt. Überall liegt herrlich weißer Schnee. Jetzt spürst Du, daß es in dieser Flughöhe schneit. Du spürst die Schneeflocken, die Dir ins Gesicht fliegen. Es gefällt Dir. Die Flocken sind dick. Sie tanzen durch die Luft. Es sieht aus, als wenn sie spielerisch tanzend zu Boden fallen. Du bist fasziniert von der Schönheit dieses Naturschauspiels, aber auch von der beleuchteten Stadt. Die Lichter werden im Schnee reflektiert. Die Schneekristalle strahlen in Deine Seele hinein. Vor dem großen Palast befindet sich ein riesiger Marktplatz. Du siehst bereits, wie die Menschen aufgeregt zusammenlaufen und gebannt zu Euch hinaufschauen. Immer mehr Menschen strömen zusammen. Einen fliegenden Teppich haben sie noch nie

gesehen. Als der Teppich zur Landung ansetzt, applaudieren die Menschen und begrüßen Euch in ihrer Landessprache. Doch leider verstehst Du sie nicht. Hier sprechen die Menschen isländisch, es klingt fast skandinavisch. Die Menschen um Dich
herum spüren es, daß Du sie nicht verstehst. Sie lächeln freundlich und begrüßen
Dich in Englisch. Dabei hörst Du immer wieder: „Welcome, welcome."

Schon drängen einige Leute mit ihren Fotoapparaten durch die Menschenmenge und
es blitzt von allen Seiten. Es sind die Reporter der Tageszeitungen. Da taucht plötzlich
ein fein gekleideter Herr vor Euch auf. Es ist Dir nicht entgangen, daß die Menschen
plötzlich eine Gasse bilden, damit der Herr in Begleitung Zugang zu Euch bekommt.
Er verneigt sich leicht und begrüßt Euch ebenso freundlich wie die Menschen zuvor.

Balthasar und Du, Ihr steht auf, verneigt Euch leicht und reicht Eure Hände zur Begrüßung. Balthasar stellt Dich vor. Jetzt weißt Du, daß es das Staatsoberhaupt ist.

Und wieder surren die Blitzlichter um Euch herum. Ihr werdet in den Palast eingela-
den und in einen prachtvoll geschmückten Raum geführt. Das Personal im Eingangsbereich und an der Zimmertür nickt Euch freundlich und diskret zu. Ihr werdet wie
Staatsgäste empfangen, und das genießt Du. Balthasar erklärt Dir, daß er schon öfters
hier zu Gast war. In diesem Raum ist eine Tafel festlich eingedeckt. Balthasar und Du,
Ihr werdet an Plätze geführt, die für Euch bestimmt sind. Zwei Ober sind schon zur
Stelle und rücken Euch die Stühle zurecht. Euch gegenüber sitzt das Staatsoberhaupt
mit seinen Ministern. Da Du nicht wie Balthasar diese Sprache beherrscht, schaust
Du Dich aufmerksam in diesem Raum um. Dabei siehst Du die ausgefallensten Blumen, mit denen dieser Raum geschmückt ist. Es sind wunderschöne Blumengestecke,
prachtvoll dekoriert auf der Tafel. An den Holzwänden leuchten Intarsienarbeiten in
feinstem Blattgold hervor. Ein riesig großes Gemälde hängt an der Wand gegenüber
der Tür. Du schaust es Dir genau an. Hier siehst Du, wie die Männer nach der Jagd auf
einer grünen, saftigen Wiese Picknick machen. Dabei strahlen ihre Gesichter Zufriedenheit und eine gewisse Fröhlichkeit aus. Sie essen und trinken. Anscheinend genießen sie ihre Pause. Auf Dich wirkt dieses Bild äußerst beruhigend. Du spürst, wie sich
eine große Ruhe und Gelassenheit nach diesem Empfang breit machen. Du atmest
tief ein und aus. Du spürst, wie Deine Arme schwer werden. Du spürst, wie Deine Beine schwer werden. Du fühlst Dich völlig gelöst und entspannt. Alles ist leicht und
heiter um Dich herum. Die Geräusche nimmst Du nur noch leise wahr. Und Du
verweilst.

# Abenteuerreise zur Teddybärenausstellung

Du gehst über einen langen Pfad zum Flugplatz. Dieser Pfad hat etliche Schlaglöcher, die Du umläufst. Dabei breitest Du Deine Arme aus und spielst Flugzeug. Bei jeder Kurve, die Du um ein Schlagloch nimmst, läßt Du Deine Flügel bzw. Arme links und rechts herum auf und ab schweben. Es bereitet Dir großen Spaß, und so fliegst Du gewissermaßen zum Flugplatz. Dort angekommen, sitzt Balthasar schon auf Dich wartend in Flugposition. Du nimmst auf dem Teppich Platz, und die Reise geht los. Balthasar stellt auf dem PC über das Navigationssystem das Flugziel ein. Ihr fliegt heute in die Nachbarstadt „Essen." Dieser Flug ist relativ kurz. Du bist aber dennoch sehr gespannt, was Balthasar sich heute ausgedacht hat. Du bemerkst, wie er ein Museum ansteuert. Die Landung setzt an, und Du siehst auf einem großen Plakat einen riesigen Teddybären. Du bist gespannt, was es hier wohl alles zu sehen gibt. Während der Teppich landet, liest Du auf dem Plakat: „Große Teddybärenausstellung. Prachtexemplare aus aller Welt." „Oh!", rufst Du begeistert aus. „Das finde ich super!" In dem Gebäude des Museums steht eine große Menschenmenge, die alle in die Ausstellung wollen. Ihr reiht Euch in die Menschenschlange ein. Schon hier gibt es unzählige große und kleine Bilder, Plakate, Fotos von Teddybären zu sehen. Die meisten Bären sehen zum Knubbeln aus. Du liebst Teddybären sehr. Sie sind einfach kuschelig und flauschig. Du besitzt selber zwei Teddybären, die Du sehr liebst. Einer von Deinen Teddys hat kaum noch Haare bzw. Fell auf dem Kopf, weil Du früher mit ihm Frisör gespielt hast. Jetzt hat er dafür fast eine Glatze. Insgesamt ist an seinem ganzen Körper nur noch ein dünnes Fell, da er Dein Reisebegleiter war. Er heißt „Bello"– der Schöne, und ist Dein Lieblingsteddy. Jetzt steht Ihr an der Kasse. Balthasar bezahlt. Du bleibst erstaunt stehen. Du traust Deinen Augen kaum, denn hier siehst Du einen Teddy sitzen, der riesig groß ist. Du denkst, er ist tausendmal größer als ich. Hier, direkt vor Dir, siehst Du seine großen Füße. Du streichelst sie mit beiden Händen. Du fühlst das weiche, braune Fell. Es tut richtig gut. Das Fell ist warm und anschmiegsam. Es tut Deiner Seele wohl. Du fühlst Dich gut. Deine Augen strahlen vor Glück. Du schaust nach oben, dem Teddy direkt ins Gesicht. Du hast das Gefühl, der Teddybär möchte Dir etwas sagen. Er schaut Dich so lieb und freundlich an. Du bist zufrieden und glücklich. Am liebsten würdest Du Dich in seinen Schoß legen und fest ankuscheln. Aber Du weißt, wenn Du wieder nach Hause fliegst, nimmst Du ihn in Gedanken mit. Wo immer Du bist, Deinen Traumteddybären kannst Du stets bei Dir haben. Er kann Dein Begleiter sein.

*Fortsetzung:*

Es fällt Dir schwer, Dich von diesem wunderschönen Teddy zu lösen. Du schaust Dir die anderen Teddybären an. Es sind Hunderte von diesen Exemplaren in sämtlichen Größen, Formen und Farben. Es gibt auch welche aus Blech, Pappe, Schokolade usw. zu sehen. Du spürst langsam, wie sich eine leichte Müdigkeit, bedingt durch die vielen Eindrücke, breit macht. Du entdeckst eine kleine Sitzecke im hinteren Teil dieses Raumes. Und Du beschließt, ein wenig auszuruhen. Du läßt Dich in den Sessel fallen und siehst Dich noch einmal genau in diesem Raum um. Dabei entdeckst Du etliche schöne, aber auch weniger hübsche Teddybären. Du nimmst die Geräusche mancher Teddys wahr, die sich bewegen. Auch die Menschenstimmen hörst Du jetzt. Du fühlst Dich glücklich, denn hier ist es wunderschön. Die lärmende Umgebung nimmst Du kaum noch wahr. Du bist völlig in Dich selbst versunken. Deine Augenlider fallen zu und Du träumst von Deinem Lieblingsteddy. Und Du träumst ein wenig weiter.

# Abenteuerreise in den Schnee

Es ist Winterzeit. Draußen ist es kalt, windig und regnerisch. Hier regnet es schon seit Tagen, während es in anderen Regionen schneit. So einen Winter hast Du schon lange nicht mehr erlebt. Heute bist Du mit Balthasar verabredet. Bei diesem Wetter hast Du nicht so große Lust, das Haus zu verlassen. Aber Verabredung ist Verabredung. Du ziehst Dich warm an, hast Deine Mütze aufgesetzt und Deine Handschuhe angezogen. Du stapfst durch den Regen in Richtung Flugplatz, der sich in der Nähe Deines Hauses befindet. Du umläufst die großen Pfützen im Slalomlauf. So vergißt Du den Regen, weil Deine Konzentration auf die huckelige Straße gerichtet ist. Schon bist Du am Flugplatz. Du schaust auf. Da winkt Dir Balthasar mit einer Armbewegung zu, damit Du schnell kommst. Ihr begrüßt Euch freundlich. Balthasar sagt zu Dir: „Komm, laß uns schnell hier weg ins Abenteuerland fliegen, dorthin, wo das Wetter besser ist." Und schon geht die Reise los. Der Teppich fliegt heute mit großer Geschwindigkeit durch die Luftschichten. Dabei steigt er höher und höher durch die dichte Wolkendecke hindurch. Hier ist es trocken. Dafür aber ordentlich kalt. Du bist froh, daß Du die dicke warme Mütze und die Handschuhe an hast. Unter dem Teppich siehst Du alles grau in grau. Du kannst nicht durch den Wolkenteppich hindurchsehen. Jetzt langsam werden die Wolken heller. Hin und wieder lassen die Wolkengebilde einen Blick auf die Erde zu. Du siehst, daß unten die Erde weiß aussieht. Du traust Deinen Augen kaum. Sollte das etwa Schnee sein?! In diesem Augenblick fliegt der Teppich durch die vereinzelten Wolken hindurch, und Du siehst die ganze Landschaft unter Dir in einem herrlichen weißen Glanz erstrahlen. Zarte Sonnenstrahlen begrüßen Dich, lassen einzelne Schneeflocken kristallend funkeln. Mitten in einem Tal setzt der Teppich sicher zur Landung an. Alles um Dich herum sieht wunderschön aus. Kleine, große Hügel, Tannen und Büsche sind durch den weißen Schnee bedeckt, als wären sie von weißem Zuckerguß umhüllt. Es ist ein wundervolles Erlebnis. Wohl ist Dir.

Du bist begeistert. Deine Augen strahlen vor Freude. Endlich Schnee, den hast Du Dir schon lange gewünscht. Und dann noch so viel. Du kannst es kaum glauben. Balthasar hat bereits vorgesorgt und holt einen Schlitten aus der großen Schatzkiste. Es entlockt Dir einen Begeisterungsruf. Vor lauter Freude umarmst Du Deinen Freund Balthasar. Und schon läufst Du mit dem Schlitten den kleinen Hügel hinauf. Johlend saust Du mit dem Schlitten den Berg hinunter. Und Du tust es immer wieder. Jetzt bezwingst Du größere Hügel und hast riesigen Spaß dabei. Du spürst, wie langsam Deine Energien nachlassen. Aber jetzt entdeckst Du einen gewaltig hohen Berg. Hier sausen die älteren Kinder in rasendem Tempo ins Tal hinab. Nach einer kurzen Pause bist Du wieder mit Deinem Schlitten unterwegs. Du läufst den hohen Berg hinauf. Es ist mühsam, doch Du weißt, der lange Weg nach oben lohnt sich. Es strengt zwar an, denn es ist beschwerlich, durch den hohen Schnee zu stapfen. Dein Atem geht schwer. Du atmest kräftig ein und aus. Oben auf der Kuppe angelangt, bleibst Du erst einmal stehen und verschnaufst. Dabei geht Dein Atem kräftig ein und aus. Und Du verweilst.

*Fortsetzung:*
Du schaust Dir die anderen Kinder und Erwachsenen an, die gerade auf ihre Schlitten steigen und abfahren. Alle haben dabei große Freude und zeigen strahlende Gesichter. Du rückst Dir den Schlitten in Fahrtposition zurecht und schaust hinunter. Ein wenig mulmig ist Dir schon, denn die Abfahrt geht stark steil bergab. Du hast gesehen, die Schlitten bekommen hier ein rasantes Tempo. Aber Du weißt, notfalls kannst Du anhalten und den Schlitten zum Stoppen bringen. Da bist Du Dir ganz sicher. Und jetzt geht die Fahrt los. Du läßt Dich einfach fahren. Es geschieht wie von selbst. Du bekommst ein hohes Tempo drauf. Du fühlst Dich sicher auf Deinem Schlitten. Auch innerlich hast Du alles losgelassen. Du läßt es geschehen. Du fühlst Dich frei, gelöst und entspannt. Es ist ein herrliches Gefühl. Es tut Dir wohl. Völlig gelöst bist Du. Und Du gleitest weiter.

*Fortsetzung:*
Unterhalb des Berges ist es huckelig. Dein Schlitten saust und springt förmlich über die Hügel und Huckel hinweg. Der Schlitten springt leicht auf und ab. Auf und ab. Und Du läßt es geschehen. Es ist, als wird alle Anspannung, aller Streß von Dir abgeschüttelt. Du fühlst Dich gut dabei. Du fühlst Dich frei. Es ist eine Wohltat für Leib und Seele. Und Du gleitest weiter.

# Abenteuerreise zum Erlebnispark

Du läufst die lange Straße entlang. Links und rechts der Straße stehen große Pappeln. Es ist warm, die Sonne scheint. Doch auf dieser Straße ist es durch die schattenspendenden Bäume angenehm kühl. Von Ferne siehst Du eine Parkbucht und Du glaubst, Balthasar zu erkennen. Erwartungsvoll läufst Du weiter. Jetzt erkennst Du ihn ganz deutlich. Freudig erregt rennst Du ihm die letzten Meter entgegen. Die Begrüßung ist wie immer herzlich. Du nimmst auf dem Teppich Platz, und schon geht die Reise los. Entlang der Straße fliegst Du in eine nahegelegene Stadt. Du glaubst, schon am Ziel angekommen zu sein, da dreht der Teppich nach links ab. Unter Dir siehst Du das bunte Treiben der Menschen in den Fußgängerzonen. Sie eilen und hasten von Geschäft zu Geschäft. Du bist froh, hier oben zu sein. Am Rande dieses Städtchens entdeckst Du einen riesig großen Freizeitpark. Du hörst das Lachen der Menschen und weißt, daß sie fröhlich sind. Der Teppich landet auf einer großen Wiese, inmitten des Parks. Kinder und Erwachsene kommen herzugeeilt. Sie lächeln Euch freundlich an und bestaunen den fliegenden Teppich. Balthasar verriegelt die Schatztruhen, und auf geht's ins Vergnügen. Überall siehst Du zahlreiche Karussells, Hüpfburgen, Schlösser, aber auch Imbißbuden und vieles mehr. Immer wieder entdeckst Du riesig große Saurier verschiedenster Arten, die den Park schmücken. Sie sind wunderschön anzusehen, auch wenn sie doch meistens gefährlich aussehen. Du schaust Dir alles genau an. Vom vielen Laufen, Hüpfen, Springen, in der Warteschlange Stehen, aber auch von den vielen unzähligen Eindrücken wirst Du müde. Du hältst Ausschau nach einem ruhigen Ort. Jetzt entdeckst Du eine große Wiese. Auf der rechten Seite, am Rand der Wiese, siehst Du einen Weg, der direkt zu einem kleinen See führt. Dieser Weg ist mit bunten Pflastersteinen versehen. Hier ist alles wunderbar bepflanzt. Neben einem Ginsterbusch setzt Du Dich an den Rand des Sees. Du bist erschöpft, durchgeschwitzt und müde. Du ziehst Deine Schuhe und Socken aus und stellst Deine Füße in das herrlich kühle Wasser. Es ist eine Wohltat für Leib und Seele. Unter Deinen Füßen spürst Du die Kieselsteine. Sie sind groß und klein, glatt und oval. Du angelst Dir einen flachen Stein aus dem Wasser und wirfst ihn über die Wasseroberfläche. Du bist erfreut, wie oft er über das Wasser springt. Der Stein taucht ab und Du siehst, wie sich an dieser Stelle das Wasser kräuselt. Es entstehen Wellenbewegungen, die sich bald darauf wieder glätten. Du nimmst einen neuen Stein und wirfst. Dieser Stein fliegt nicht ganz so weit. Aber die gleichen Wellenbewegungen sind zu sehen. Und wieder ist die Wasseroberfläche glatt. Du spürst, hier ist alles ganz ruhig. Von Ferne nimmst Du einige Geräusche und Stimmen wahr. Du fühlst Dich wohl und entspannt. Ruhe, Frieden und Gelassenheit sind in Dir. Innere Stille und äußere Stille sind im Gleichklang. Sie fließt von innen nach außen, von außen nach innen. Dieser innere Wohlklang macht Dich glücklich. Du fühlst Dich glücklich und frei. Und Du verweilst.

Du nimmst den starken Duft des Ginsterbusches wahr. Wie wohl das tut. Du atmest tief ein und aus. Mit jedem Atemzug saugst Du diesen köstlich süßen Duft ganz in Dir auf. Es ist ein Fest für Deine Sinne. Sie beleben und erfrischen Dich.

Und Du verweilst.

Jetzt entdeckst Du Dein eigenes Spiegelbild im Wasser. Erstaunt schaust Du Dich an. Lächelst dabei. Glücklich und zufrieden schaust Du Dich an. Und Du verweilst.

Und Du bist Dir ganz sicher, wenn Du diesen Platz verläßt, wirst Du neue Energie haben. Das spürst Du jetzt schon ganz deutlich. Mit neuer Lebensenergie wirst Du Dein Leben bewältigen.

# Abenteuerreise ins Legoland

Du läufst über eine große Blumenwiese. So weit Dein Auge reicht, überall gelbe, rote und blaue Feld- und Wiesenblumen. Du nimmst den Duft dieser Blütenpracht wahr. Und Du gehst weiter. Jetzt erblickst Du von weitem Balthasar, der schon auf Dich wartet. Er winkt Dir zu. Voller Freude läufst Du ihm entgegen. Ganz außer Atem begrüßt Du ihn. Du bist gespannt, wo die Reise wohl diesmal hingeht. Du nimmst auf dem fliegenden Teppich Platz, und schon hebt er ab. Du fliegst über Städte, Wälder, Seen und Flüsse. Du entdeckst, daß es immer mehr Felder und Wiesen zu sehen gibt. Solche Landstriche kommen Dir bekannt vor. Du glaubst, daß Du in Norddeutschland bist. Und Du fliegst weiter. Du überfliegst große Waldgebiete, riesige Wiesen und Weiden. Hier gibt es wenige Straßen, ab und zu ein paar Häuser. Nun fliegst Du entlang der Autobahn, direkt hinweg über eine Zollgrenze. Du weißt, Du bist in einem anderen Land, im Abenteuerland. Unterhalb befindet sich eine Stadt. Der Teppich fliegt schon bedeutend tiefer. Balthasar steuert einen Parkplatz für PKWs an. Nicht eine einzige Lücke ist frei. Er versucht es auf dem Busparkplatz, leider auch vergebens. Auch die Seitenstraßen sind zugeparkt. Doch da, neben der Tankstelle, ist noch eine Lücke frei. Balthasar parkt den Teppich sicher ein. Balthasar führt Dich in eine Straße nach rechts und sofort in die nächste nach links, vorbei an den großen Parkplätzen. Staunend stehst Du vor einem riesigen Torbogen aus großen Duplosteinen. Jetzt weißt Du, es ist das Legoland in Dänemark. Du bist ganz neugierig, denn Du hast schon viel vom Legoland gehört. Aus Broschüren weißt Du, daß hier alles aus Legosteinen gebaut ist. Staunend stehst Du vor manch einem Flughafen, Straßenbaustellen, großen Palästen, Wasserstraßen, wo Schiffe fahren. Autos fahren die Straßen entlang. Alles ist hier in Bewegung. Du bist begeistert. Vieles gibt es staunend zu betrachten. Formen und Farben üben einen faszinierenden Reiz aus. Es gibt Karussells aus großen Duplosteinen, in denen Du fährst oder fliegst und Dich auf und ab bewegst. Mit einer Eisenbahn fährst Du durch das ganze Legoland. Verschiedenste Gerüche aus Imbißbuden und Ständen wirken verlockend. Du spürst, wie Du hungrig und durstig wirst. Beim nächsten Haltepunkt steigst Du aus. Auf der anderen Straßenseite siehst Du einen italienischen Pizzabäcker. Sein Gesang dringt bis nach draußen. Das ganze Lokal ist aus Duplosteinen gebaut. Auch hier sind fast alle Tische voll besetzt. Es herrscht ein lautes Stimmengewirr. Mitten im Raum ist noch ein kleiner Tisch frei. Du läßt Dich erschöpft auf den Duplostuhl fallen. Dein

Hunger ist inzwischen riesig groß. Ein freundlicher Kellner kommt schwungvoll zu Dir geeilt und nimmt Deine Bestellung auf. Er notiert sich Deinen Wunsch auf seinem Notizblock, sagt: „Si" und „Prego" und ist schon wieder verschwunden. Es dauert nicht lange, da kommt er mit der Limonade. Am liebsten würdest Du das ganze Glas auf einmal leertrinken, so durstig bist Du. Aber Du bist ein Genießer. Du trinkst kleine Schlucke, läßt dabei den Geschmack auf der Zunge zergehen. Es stört Dich nicht, daß es hier so laut ist. Du bist zufrieden, spürst Deine Müdigkeit, schaust dabei genüßlich dem Pizzabäcker bei der Arbeit zu. Es gefällt Dir, wie er dauernd den Teig in die Höhe wirft und dabei lauthals trällert. Du fühlst Dich wohl. Ruhe ist in Dir. Gesprächsfetzen dringen an Dein Ohr. Stimmen kommen und gehen. Du ruhst in Dir. Du bist völlig gelöst und entspannt. Du spürst eine tiefe Ruhe und Gelassenheit. Du schließt Deine Augen, läßt alles um Dich herum geschehen. Du bist glücklich und zufrieden. Freust Dich schon auf die leckere, köstliche Pizza. Und Du verweilst.

# Abenteuerreise nach London

Es ist früh am Morgen. Du läufst im Frühnebel die lange Landstraße entlang. Dir ist dabei fast unheimlich zumute. Kein Mensch weit und breit. Da hier keine Laternen die Straße beleuchten, ist die Sicht äußerst schlecht. Von Ferne siehst Du einen Lichtkegel. Du weißt genau, dort ist der Flugplatz. Und Du läufst vorsichtig weiter. Jetzt siehst Du, wie das Licht stark in den Himmel hineinstrahlt. Dieser Lichtkegel durchdringt den Nebel. Es ist, als wenn der Nebel durchtrennt wird. So etwas hast Du noch nie gesehen. Es ist beeindruckend und gleichzeitig ein wenig beängstigend. Jetzt bist Du endlich am Flugplatz angelangt. Und Du bist froh, hier zu sein. Nun siehst Du alles ein bißchen klarer, denn alle Lampen und Bodenleuchten sind in Betrieb. Du entdeckst Balthasar, siehst, wie er gerade das Navigationssystem bedient. Du atmest erleichtert auf, als Du ihn siehst. Vor lauter Freude stößt Du einen leisen Freudenschrei aus und läufst ihm die letzten Meter entgegen. Du fällst ihm in die Arme und drückst ihn fest an Dich. Balthasar spürt Deine Ängstlichkeit. Er hält Dich fest in seinen Armen, streichelt sanft Dein Haar und sagt etwas Nettes zu Dir. Nun fühlst Du Dich sicher und geborgen. Du freust Dich jetzt sehr auf die Reise. Neben Balthasar nimmst Du Deinen Platz ein. Der Teppich hebt sanft ab, und auf geht's ins Abenteuerland. Der Tag bricht an, es wird ein wenig heller. Die Häuser, Bäume und Straßen unter Dir siehst Du heute nicht. Hier oben ist es ganz diesig und nebelig. Eine Nebelbank löst die andere ab. Dir ist ganz unbehaglich zumute. Balthasar spürt Deine Unruhe. Er legt seinen Arm um Dich und versichert Dir, daß nichts passieren kann, da der Teppich über einen Autopiloten verfügt. D. h., wenn der Autopilot einmal eingestellt ist, sorgt er automatisch für absolute Flugsicherheit. So wird das gewählte Reiseziel unter optimalen Bedingungen auf kürzestem Weg erreicht, wie in einem großen Flugzeug. Diese Information beruhigt Dich ungemein.

Jetzt spürst Du eine extrem hohe Luftfeuchtigkeit. Du weißt genau, daß sich unterhalb ein großes Gewässer befinden muß. Es fröstelt Dich ein wenig.

Und Du fliegst weiter.

In diesem Augenblick dreht der Teppich nach links ab. Du fährst dabei ein wenig zusammen, weil es für Dich unvorbereitet kam. Nun setzt der Teppich zur Landung an. Unter Dir erkennst Du ganz kleine helle Punkte. Sie sehen aus wie kleine Sterne am

Himmelszelt. Du bist Dir aber sicher, daß Du gleich festen Boden unter den Füßen haben wirst. Schemenhaft erkennst Du ein erleuchtetes Gebäude. Und schon setzt der Teppich sicher auf. Hier ist alles hellerleuchtet. Trotz des Nebels erkennst Du ein altes, historisches Gebäude. Du glaubst, daß Du in London bist. Denn dieses Gebäude hast Du schon in Deinem Englischbuch gesehen. Hier ist das Wachsfigurenkabinett von Madame Marie Tussaud, das 1802 von ihr eröffnet wurde. Sie als Wachsbildnerin hatte zur damaligen Zeit prominente Persönlichkeiten in Lebensgröße geformt. Du schreitest durch dieses Haus und siehst zahlreiche bekannte Personen. Von dieser Vielfalt bist Du total fasziniert. Wenn Du es nicht genau wüßtest, daß diese Personen aus Wachs sind, würdest Du glauben, sie seien echt. Gerne würdest Du die eine oder andere Figur einmal berühren, aber das ist ja strengstens verboten. Alles schaust Du Dir genau an. Du bleibst eine Weile bei den Pilzköpfen stehen. Es sind die Beatles.

Alles ist vergänglich, hat seine Zeit. Glück ist auch mit Geld nicht zu erwerben, das weißt Du genau. Du spürst in Dir, Glück kann nur und ausschließlich aus dem Inneren kommen. Es ist in mir. Glück ist kein Zufallsprodukt. Ich habe die Verantwortung dafür, auch dafür zu sorgen, daß es mir gutgeht. Diese Erkenntnis erfüllt Dich mit Glück. Zufriedenheit, Wohlwollen und Dankbarkeit füllen Dich aus. Es wird Dir warm ums Herz bzw. eine angenehme Wärme ist in Dir. Du fühlst Dich wohl und entspannt. Ruhe und Gelassenheit laden zum Verweilen ein. Die anderen Menschen um Dich herum nimmst Du kaum noch wahr. Sie stören Dich nicht. Du bist versunken in Deinem Selbst, in Deinem Ich. Es tut Dir wohl, bei Dir zu sein. In Gedanken Deiner Phantasie siehst Du Dich selbst als Wachsfigur hier direkt vor Dir stehen. Du gefällst Dir. Findest Dich schön. Ströme der Liebe sind in Dir. Sie fließen und schaffen neue positive Energie. Du fühlst Dich einfach super, bist glücklich dabei. Und Du verweilst.

# Abenteuerreise zu den Windrädern

Du läufst einen einsamen, leicht ansteigenden Weg entlang. Hier ist Deine ganze Aufmerksamkeit gefordert, denn es gibt hier riesige Schlaglöcher. Teilweise sind sie mit dicken Steinen aufgefüllt, teilweise befinden sich unzählige Steine auf dem Weg. Obwohl Du vorsichtig läufst, bleibt es nicht aus, daß Du stolperst. Hin und wieder rutscht Du auf einer Ansammlung von Steinen weg. Das Laufen geschieht recht mühselig, Staub wirbelt auf. Zur rechten Seite ist das Korn hochgewachsen. Es entspricht genau Deiner Körpergröße. Am Wegesrand blühen zahlreiche Mohnblumen, aber auch vereinzelt blaue Kornblumen. Das kräftige Rot des Mohns leuchtet förmlich aus dem hochgewachsenen Kornfeld heraus. Zur Linken schaust Du über riesige Hektar Wiesenfläche. Die gelben Butterblumen lachen Dich geradezu an. Jetzt befindest Du Dich oberhalb des Weges, da entdeckst Du Balthasar, der bereits auf Dich wartet. Bei der Begrüßung fallt Ihr Euch lachend in die Arme. Du hast gerade auf dem Teppich Platz genommen, da hebt er schon ab. Und auf geht die Reise ins Abenteuerland. Wiesen und Felder läßt Du hinter Dir. Große und kleine Städte, Wälder, Flüsse und Seen siehst Du klein und niedlich, wie auf einer Spielzeugeisenbahnplatte. Unten fahren Autos, die sich wie kleine, schwarze Punkte bewegen. Auch einen fahrenden Zug siehst Du. Und Du fliegst weiter. Leichter Wind zieht auf. Du spürst, wie sich der Teppich durch die Luftschichten bewegt. Hin und wieder spürst Du ein sogenanntes Luftloch. Das macht Dich nicht nervös, das kennst Du bereits. Der Wind wird stärker und stärker. Jetzt erblickst Du unter Dir ein riesiges Gewässer, daneben verläuft ein langer Sandstrand. Balthasar erklärt: „Dort unten befindet sich die Nordsee." Du siehst jetzt, wie die Wellen in Bewegung sind. Du glaubst, in Norddeutschland zu sein. Und so ist es. Der Teppich fliegt eine Rechtskurve und schon überfliegst Du einen dicht bewachsenen Kiefernwald. Direkt hinter dem Wald schließen sich riesige freie Flächen an. Soweit Dein Auge reicht, überall freie Flächen. Am Horizont entdeckst Du, in Wolken gehüllt, dunkle Punkte. Und Du fliegst weiter. Nach und nach werden aus den dunklen Punkten dünne Stäbe. Jetzt siehst Du, daß hier in der Landschaft lauter Riesen stehen. Als Du näher kommst, stellst Du fest, daß es Windräder sind. Fast alle Flügel rotieren gleichmäßig im Wind. Du bist hellerfreut. Ein Windrad wolltest Du schon immer einmal aus der Nähe betrachten. Du findest sie so anmutend und majestätisch. Sie stehen stolz in der Landschaft, als könnte keine Macht der Welt ihnen etwas anhaben. Balthasar bringt vor der Höhe des ersten rotierenden Flügels den Teppich zum Stehen. Nur so erkennst Du aus nächster Nähe den Umfang und das Ausmaß der Rotoren. Du nimmst sehr laute Windgeräusche wahr. Dabei ist Dir ein wenig unbehaglich zumute. Balthasar spürt Deine Sorge. Er sagt ganz laut zu Dir: „Mach Dir keine Sorgen. Der Sicherheitsabstand ist groß genug, es kann nichts passieren." Jetzt setzt der Teppich zur Landung an. Sofort springst Du auf und stellst Dich direkt unter den Mast eines Windrades. Du schaust nach oben. Der Mast kommt Dir mit seiner Gesamtlänge von 60 Metern endlos lang vor. Es wirkt fast so, als reiche er bis zu den Wolken. Du bist total begeistert. Du legst Dich mit dem Rücken auf den Teppich und schaust am Mast entlang nach oben, schaust dabei direkt in den Himmel. Balthasar holt ein wunderschönes, mit Perlen und Pailletten verziertes Brokatkissen aus der Schatzkiste und legt es Dir sanft unter den Kopf. Du spürst das weiche Kissen unter dem Kopf und im Nacken. Wie wohl das tut.

Jetzt erst nimmst Du die Sonne wahr, die sich immer wechselnd zeigt. Dir ist angenehm wohlig warm. Du spürst den Wind auf Deiner Haut. Es ist, als streichelt er Dich zart. Ruhe und Gelassenheit sind in Dir. Du fühlst Dich wohl und bist vollkommen entspannt. Du spürst, wie Dein Atem fließt. Es atmet Dich. Ein und aus. Ein und aus. Dein Blick ist immer noch nach oben gerichtet. Du schaust Dir alles genau an. Jetzt entdeckst Du die Wolken. Es ist, als spielen sie miteinander. Ein richtiges Wolkenspiel. Wolken schweben, sie ziehen vorüber. Der Wind treibt sie weiter. Weiter und weiter. Jetzt reiht sich Wolke an Wolke. Sie verschmelzen, lösen sich, formieren sich neu. Dahinter das Blau des Himmels. Die leuchtende Kraft der Sonne bricht immer wieder durch. Helles, gleißendes Licht bricht punktuell, jetzt auf einmal flächendeckend, durch. Du bist geblendet von dieser Lichtquelle. Neue andere Wolken nahen heran. Und Du verweilst.

# Abenteuerreise nach Grönland

Du läufst auf einem holprigen Pfad mitten durch einen Mischwald. Dieser Pfad führt an einem Bach entlang. Serpentinenförmig schlängeln sich beide parallel zueinander einen Berg hinauf. Du entdeckst eine Lichtung, in dessen Lichteinfall Du Balthasar auf seinem Teppich siehst. Ihr begrüßt Euch, wie es unter guten Freunden üblich ist. Du nimmst Deinen Platz ein, und auf geht's ins Abenteuerland. Und schon befindet sich der Mischwald klein und dunkel unter Dir. Der Teppich steigt höher und höher. Jetzt siehst Du die Häuser, Bäume, auch die fahrenden Autos nur noch als kleine schwarze Punkte. Riesige Flächen von Feldern, Weiden und Wiesen sowie zahlreiche Städte, Flüsse und Seen überfliegst Du. Du spürst, es wird eine lange Reise. Du hast den Eindruck, daß Du bereits Landesgrenzen überquert hast.

Und Du fliegst weiter. Du überfliegst den Atlantik und steuerst einer riesigen Insel zu. Mittlerweile wird es immer kälter. Balthasar verrät Dir freudestrahlend, daß Ihr gerade auf Grönland zufliegt. Hier ist es dunkel und sehr kalt. Das Thermometer zeigt 42 Grad minus. Du öffnest die Schatztruhe und ziehst mehrere Kleidungsstücke übereinander, auch Handschuhe und Mütze. Balthasar tut es Dir gleich. Er reibt Dein und sein Gesicht mit einer stark fetthaltigen Creme ein, damit die Haut geschützt ist. Balthasar landet direkt neben einem Riesen-Iglu, mit einigen kleinen Ablegern. Du gehst in das schöne Riesen-Iglu hinein und bist total erstaunt. So etwas hast Du noch nie gesehen. Alle Möbel, wie Sessel, Stühle, Bettgestelle, sind aus Eis. Ja, sogar Gläser zum Trinken sind aus Eis. Alles wirkt auf Dich so faszinierend. In dieser eisigen Unterkunft ist es nur etwas wärmer als draußen. Hier herrschen 30 Grad minus. Balthasar erklärt Dir, daß es hier im Sommer bis zu 30 Grad warm werden kann. Im Sommer ist nördlich des Polarkreises die Mitternachtssonne zu sehen. Jetzt im Winter werden wir das Polarlicht am Himmel beobachten. Du gehst wieder nach draußen, in die eisige, klirrende Kälte. Du befindest Dich auf dem zweitgrößten Eiskap der Welt, wo es 660 Kilometer nichts anderes als Eis zu sehen gibt. Gerade kommt ein Hundeschlitten, der direkt vor Dir hält. Der Fahrer fragt, ob Du zu den Gletschern mitfahren möchtest? Du willigst gerne ein und auf geht's. Bald ist schon das Inlandeis in Sicht. Riesige, gewaltige Eismassen ergießen sich wie ein festgefrorenes Meer über die Landschaft. Der Fahrer erzählt, daß Grönland geographisch zum nordamerikanischen Kontinent gehört und somit näher am Nordpol liegt als jedes andere Land.

Nun bist Du angekommen. Das, was Deine Augen sehen, berührt Dich total. Dieses Schauspiel ist einfach unbegreiflich schön. Du siehst geisterhafte Polarlichter am nächtlichen Himmel. Dir ist dabei ein wenig unheimlich zumute, gleichzeitig bist Du eingetaucht in eine traumhafte Abenteuerwelt. Du versinkst förmlich in diese verzauberte Welt. Du bist völlig versunken. Du spürst die totale Stille. Du bist gelöst und entspannt. Trotz der enormen Kälte stellt sich eine große Müdigkeit ein. Der Zeitunterschied hier beträgt minus vier Stunden. Du spürst Deinen Atem. Spürst, wie er ein und aus geht. Mit jedem Atemzug saugst Du die Kostbarkeit dieses Naturschauspiels in Dich auf. Mit jedem Ausatmen gibst Du etwas von Dir an die Natur zurück. Es tut so wohl. Und Du verweilst.

# Abenteuerreise zum Duisburger Zoo

**D**u läufst im zarten Frühnebel über einen Waldweg. Der Boden ist weich und gibt leicht unter Deinen Füßen nach. Es ist angenehm, hier zu laufen. Der milde und frische Duft des Waldes tut Deiner Seele wohl. Du nimmst den Laubgeruch und den Geruch des feuchten Waldbodens ganz in Dich auf. Von Ferne siehst Du im schattigen Wald einen Lichtkegel. Dort dringt das Licht der aufgehenden Sonne zwischen den Bäumen hervor. Und Du läufst weiter.

Jetzt erkennst Du eine Lichtung, und schon bemerkst Du Balthasar, wie er Dir zuwinkt. Freudig erregt läufst Du ihm entgegen. Das schnelle Laufen macht Dir auf diesem weichen Waldboden Spaß. Es geschieht wie von selbst. Schon bist Du angekommen und drückst Balthasar herzlich. Auf dem Teppich Platz genommen, geht die Abenteuerreise auch schon los. Du überfliegst zahlreiche große und kleine Städte, große und kleine Seen und einen langen Fluß. Balthasar erklärt: „Das ist der Rhein" und beschreibt seinen Verlauf. Von Ferne siehst Du ganz klein die Ruhr, die durch die Stadt Mülheim-Ruhr fließt. Aber jetzt, gerade den Rhein überquert, fliegt der Teppich tiefer und tiefer. Du glaubst, daß Du in der Stadt Duisburg bist. Voll Erstaunen stellst Du fest, wie groß das gesamte Stadtgebiet ist. Balthasar sagt: „Diese Stadt hat einen phantastischen Zoo. Er ist riesig groß und verfügt über unzählig viele Tierarten." Direkt neben einem großen Wald, unmittelbar an der Hauptstraße parkt Balthasar den Teppich. Diese Straße verbindet die beiden Städte Mülheim-Ruhr und Duisburg unmittelbar miteinander. Jetzt brauchst Du nur noch die Straße zu überqueren und schon bist Du im Zoo. Menschenmassen strömen in den Zoo. Und Du mittendrin. Zunächst bleibst Du vor den Giraffen stehen. Giraffen und auch andere Tiere kennst Du aus Büchern und aus dem Fernsehen. Sie haben Dich schon immer fasziniert. Aber jetzt in natura, da bleibt Dir fast der Mund offen bei dieser riesigen Größe. Auch das gefleckte Fell gefällt Dir prächtig. Gerne würdest Du eine Giraffe streicheln. Und Du gehst weiter.

Viele Tiere siehst Du. Große, kleine, dicke, dünne, alle schaust Du Dir genau an. Vieles entdeckst Du an ihnen. Den Affen schaust Du beim Fressen und dem geschickten Hangeln zu. Besonders gut gefallen Dir die Löwen. Wenn sie auch sehr gefährlich sind, so sehen sie doch majestätisch aus. Sie wirken im Augenblick so friedlich und zufrieden. Bestimmt haben sie vorhin gefressen. Aber Du weißt, zum Kuscheln mußt

Du Deinen Löwen aus Plüsch nehmen, der immer auf Deinem Bett ruht. Jetzt bist Du bei den Bären. Du bist freudig erregt, denn auf die Eisbären hast Du Dich besonders gefreut. Eisbären findest Du hübsch, denn es sind Deine Lieblingstiere. Zwei Eisbären leben hier. Das weißgelbe, zottelige Fell lädt ebenfalls zum Anfassen ein. Du glaubst, daß ein Eisbär in einer richtigen Eislandschaft gar nicht gut zu erkennen ist. Du weißt genau, daß er sehr gut schwimmen und tauchen kann. Seine Fußsohlen sind behaart, damit er auf dem glatten Eis nicht ausrutscht. Das weißt Du alles ganz genau, denn so steht es in Deinem Buch über Eisbären. Es tut Dir wohl, den beiden Eisbären zuzuschauen. Du hast Dich richtig in sie verliebt. Und Du verweilst.

Du spürst, daß Du vom vielen Laufen müde geworden bist. Du stützt Dich mit beiden Armen auf die Absperrung. Die vielseitigen Eindrücke mußt Du erst einmal in Ruhe verarbeiten. Es tut Dir so wohl, hier zu verweilen. Manchmal träumst Du davon, ein Eisbär zu sein. Eisbären können schnell und sehr beweglich sein, wenn sie auf Beutejagd sind. Sonst aber sind ihre Bewegungsabläufe eher ruhig, geschmeidig und langsam. So möchtest Du auch sein. Du weißt, daß Du oft sehr unruhig, hektisch und nervös bist, Dich auch unausgeglichen fühlst. Die Eisbären hingegen zeigen sich gelassen. Die haben sprichwörtlich und letztlich ein dickes Fell. Du weißt genau, wenn Du Deine Entspannungsphasen in Deinen Tagesablauf fest einplanst, geht es Dir anschließend viel besser. Du bist dann viel ruhiger, gelöster, entspannter und kannst wesentlich konzentrierter arbeiten. Du fühlst Dich ausgeruhter und meistens in guter Stimmung. Du bist Dir sicher, daß Du bei aufkommendem Streß wesentlich gelassener und bedachter im Umgang damit bist. Du sagst Dir: Ich bin ein Eisbär, denn Eisbären sind gelassen.